OBSERVATIONS
NOUVELLES
SUR LES
Ouvrages de Peinture, de Sculpture et d'Architecture,

Qui se voyent à Rome, & aux Environs:

PAR

M. DE RAGUENET.

POUR SERVIR DE SUITE AUX MEMOIRES
DES VOYAGES ET RECHERCHES
DU COMTE DE B*** à ROME.

A LONDRES,
Chez MOYSE CHASTEL.
M. D. CC. LXV.

A
LEURS EXCELLENCES
MESSEIGNEURS
LES CONSERVATEURS
DE ROME.

MESSEIGNEURS,

Mon deffein, dans le Livre que je préfente à Vos Excellences, eft de tracer un Monument de la magnificence de Rome, auquel le tems de votre Adminiftration puiffe fervir d'Epoque. Je ferois en droit de mettre ici, dans tout leur jour, la fupériorité du Rang que vous occupez, l'élévation du Caractère que vous avez à foutenir, & la grandeur de la Dignité dont vous êtes revétus. Il fuffiroit, pour cela, de dire que toute la Majefté de l'ancienne Magiftrature de Rome réfide en vous, puis que vous

)(2   feuls

feuls repréſentez cet auguſte Corps; car tout
ce qu'on voudroit dire de plus ne pourroit
qu'affoiblir une ſi haute idée que la connoiſſance des éminentes Charges que vous poſſé-
dez reveille naturellement dans tous les eſprits.
Mais ce n'eſt point pour parer mon Ouvrage
de l'éclat de vos Titres ni du luſtre de vôtre
Dignité, que je les mets à la tête de ce Livre;
je ne l'offre à VOS EXCELLENCES, que parce que je ſuis perſuadé que perſonne ne ſauroit
être plus ſenſible que vous, MESSEIGNEURS,
aux ſoins qu'on peut prendre de faire connoître le prix ineſtimable de ces excellens Monumens qui enrichiſſent la magnifique Rome, cette ſuperbe Ville, des Ornemens de laquelle les
Loix vous ont établi les Conſervateurs, Rome
toujours la premiére Ville du Monde, toujours
la Capitale de l'Univers par la pompe de ſes
Temples, par la magnificence de ſes Palais, par
les nouveaux Ouvrages dont les plus grands
Génies des derniers ſiécles l'ont embellie, &
par les précieux Reſtes de ſes Edifices anciens
juſques dans les débris & la pouſſiére deſquels
elle

elle triomphe encore de ce qu'il y a de plus beau dans tout le reste de la Terre. Les Descriptions suivantes justifieront mieux ce que j'avance ici, que toutes les raisons que je pourrois en apporter, c'est pourquoi je n'en dirai pas davantage. Je suis, avec le plus profond respect,

MESSEIGNEURS,

Vôtre très-humble & très-obéissant
serviteur,
RAGUENET.

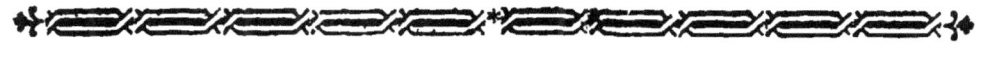

PREFACE.

Je vais essayer, dans cet Ouvrage, de faire revivre l'ancienne réputation des Monumens de la vieille Rome, & de confacrer à la postérité ceux de la nouvelle: De préfenter à l'imagination de quiconque lira ce Livre, comme dans un Tableau abbrégé, les plus rares productions des fiécles les plus florissans pour les Arts portés par les Grecs & par les Romains jufqu'au fouverain degré de la perfection: De donner, s'il fe peut, par les expressions dont je me fervirai, de l'éclat aux plus brillans Chef-d'œuvres de Peinture; & du relief, aux plus magnifiques morceaux de Sculpture & d'Architecture qui foient au monde: D'illuftrer des Ouvrages qui, depuis tant d'années, rendent illuftre la plus célébre Ville de l'Univers; & de vaincre même quelquefois, par mes defcriptions, les Ouvrages que je décris.

Je peindrai, fi je puis, encore plus à l'efprit qu'aux yeux, ces Monumens dont le Monde entier fubjugué par les Romains fut dépoüillé; dont Rome a été décorée dans les tems de fa plus grande fplendeur; qui ont fervi d'ornement aux triomphes des Conquérans, aux Palais des Empereurs, aux Temples des Dieux; qui ont été adorés comme des Dieux mêmes; & qui, confultés de toutes parts, ont rendu des Oracles qui ont reglé, durant plufieurs fiécles, la deftinée des plus puiffans Etats du Monde: Monumens qui attirent encore, tous les jours, à Rome des Etrangers de tous les endroits de la Terre; que tous les Potentats & tous les Souverains de l'Europe font copier; & dont les Images, & les Copies font la plus magnifique décoration de leurs Palais & de leurs Jardins.

Je veux tâcher de faire voir Rome, fans Rome même: De découvrir au Lecteur, en deux ou trois heures de Lecture, autant de beautés qu'il en pourroit peut-être vóir, en une année, fur les lieux: De fixer ces beautés fujettes aux injures des tems; & de faire en forte que, fi les Monumens vendent à périr, l'Idée n'en périffe pas.

Je

PREFACE.

Je prétens justifier le goût & le discernement des Anciens qui ont mis ces sortes d'Ouvrages à un si haut prix, qu'il s'est trouvé, parmi eux, des Princes dont les uns, pour un seul morceau de Peinture, ont offert d'acquiter les dettes immenses d'une Province entière; d'autres ont donné de très-puissantes Villes en échange: d'autres enfin ont mieux aimé manquer à prendre celles qu'ils assiégeoient, & perdre tous les frais d'une grosse Guerre, que d'exposer un seul Tableau au danger de périr dans le sac de ces Villes. *

Je vais enfin employer tous mes efforts pour faire toucher au doigt la vérité de ce qui a été dit de plus extraordinaire, de ces excéllens Ouvrages, par ceux qui les ont le plus vantés; & donner un juste degoût à tout le monde pour tout ce qui n'a qu'une beauté médiocre dans des Arts dont les productions n'étant nullement nécéssaires pour l'usage ordinaire de la vie, ne doivent être estimées que lors qu'elles sont portées jusqu'à l'excellence.

Pour cela, il ne suffit pas de faire des descriptions superficiélles, en termes vagues & généraux; il faut entrer dans l'esprit des Peintres, des Sculpteurs, & des Architectes, & y lire leurs pensées les plus intimes; il faut, pour ainsi dire, creuser la partie la plus secrete de l'Ame de ces grands hommes, & y démêler des intentions souvent très-opposées quoiqu'unies ensemble; il faut sonder leurs desseins les plus profonds; rechercher leurs expressions les plus étudiées; révéler les Mystéres de l'Art les plus cachez; rendre palpables & sensibles les agrémens les plus fins & les charmes les plus imperceptibles de leurs Ouvrages; & y faire voir à tout le monde ce qu'il n'y a peut-être qu'eux qui ayent jamais bien vû.

Dans la Carriére où je m'engage, je ne vois point de Guide que je puisse suivre. Philostrate, Calistrate, Pausanias, Lucien, Cassiodore,

*Plin. l. 35.

fiodore, *Pline*, & *les autres Anciens n'ont point affez approfondi le fecret des Arts dont ils ont décrit les productions : Et pour les Modernes, comme ils ne fe font propofé que d'imiter ces Anciens, & qu'ils font même reftés beaucoup au deffous d'eux, je les prendrai encore moins pour mes Modeles. Mais ainfi, fans Guide, dans une route fi délicate, prenons garde de faire de faux pas; & tâchons de foutenir nôtre entreprife de telle forte, qu'on ne puiffe pas nous reprocher d'avoir mal répondu aux grandes & magnifiques promeffes que nous avons faites.*

NOMS DES GRANDS HOMMES

Des Ouvrages, defquels il eft parlé dans ce Volume.

Agafias.
Agefander.
Athénodore.
Le Cavalier Bernin.
Guillaume Bertelot.
Annibal Carache.
Le Caravage.
Le Corrége.
Le Dominiquin.
Le Cavalier Fontana.
Glicon.
Le Guide.
Jules Romain.
Le Cavalier Lanfranc.

Charles Maderne.
Eftienne Maderne.
Le Micarin.
Michel-Ange.
Phidias.
Guillaume de la Porte.
Praxitéle.
Scipion Pulzone.
Raphaël d'Urbin.
Le Tintoret.
Le Titien.
Paul Véronêfe.
Daniel de Volterre.
Le Pére Matthieu Zaccolino.

OB-

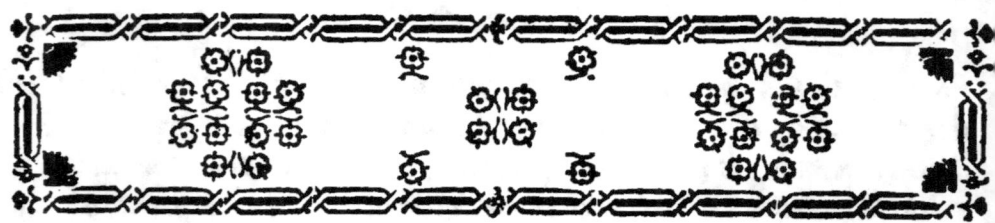

OBSERVATIONS NOUVELLES

SUR LES PLUS

BEAUX MONUMENS

QUI SE VOYENT

A ROME ET AUX ENVIRONS.

OUVRAGES DE PEINTURE

Qui se voyent à la voûte de l'Eglise de S. André *della Valle*,

Par Dominique Zampiéri, *nommé communément* le Dominiquain natif de Bologne en Italie.

C'EST à la vuë de ces Peintures, qu'on reconnoît que les grands Peintres répandent dans leurs ouvrages des caractéres de beauté si sensibles, que jusqu'au peuple & aux ignorans, tout le monde en sent l'excellence.

Dans l'endroit le moins avantageux de la voûte du Chœur, & dans un espace assez étroit, le Dominiquain a peint JESUS-

A   CHRIST

CHRIST, qui, du bord du lac de Génésareth où il est, découvrant Simon & André dans une barque, les appelle à lui pour en faire deux de ses disciples. Cette action, qui n'est marquée que par un seul geste très simple, est exprimée d'une maniére si naturelle, que du premier coup d'œil, tout le monde connoît de quoi il s'agit: que JESUS-CHRIST appelle à lui ces deux Péscheurs: qu'André lui tend les bras pour lui demander par quel moyen il pourra aller à lui; & que Simon plein de confiance saute hors de la barque, seur de marcher sur les eaux, comme sur la terre ferme, au son de la voix divine qui l'appelle.

Le mouvement de la barque, & l'action de celui qui la conduit, sont des expressions qui égalent ce qui a jamais été fait de plus sublime par les Peintres. On voit ce Barcarolle enfoncer sa rame; & se portant dessus de tout le poids de son corps en l'air, donner l'impression & le mouvement à la barque. Vous gageriez que vous la voyez avancer, fendre les eaux, les faire bruire & écumer. Il est impossible que l'action, l'effort, & la grace de ce Barcarolle sortent jamais de la mémoire quand on en a vû l'expression dans cette peinture; & cependant ces choses s'effacent souvent de l'imagination de ceux qui ont vû de véritables Barcarolles sur des barques très réelles: tant il est vrai que l'art, quand il est poussé jusqu'à un certain degré d'excellence, fait des impressions plus puissantes & plus durables que la nature même. Aussi le Poussin, lequel a été sans contredit le plus savant des Peintres modernes, disoit-il ordinairement, Qu'il ne connois-
„ soit point d'autre Peintre que le Dominiquain, pour les expres-
„ sions; & qu'il avoit été plus loin en cela que les Caraches
„ mêmes.

Mais la maniére dont le Dominiquain a mis en perspective cette barque & ce Barcarolle, me paroît surpasser tout le reste,

& être

& être au-deſſus même de tout ce qu'on en ſauroit dire; car quoi
que l'un & l'autre ſoient peints dans l'endroit le plus concave de
la voûte, il n'y paroît non plus de racourci que s'ils étoient ſur
une muraille toute droite & ſur une ſuperficie toute plate.   Auſſi
ce Peintre, quoi que le plus modeſte des hommes, ne put-il
ſempêcher de dire, un jour, à un de ſes amis qui lui demandoit
par quelles régles il avoit trouvé le moyen de produire un effet
„ ſi ſurprenant dans la Peinture; Que n'ayant pû tirer de l'art,
„ aucun ſecours pour cela, il avoit eû recours à ſon propre génie.

Les Evangéliſtes des quatre angles du Dôme ne paroiſſent
rien moins que de la peinture plate, mais ſemblent être de véritables figures poſtiches, appliquées ſur le plâtre; & le Lion d'un
de ces Evangeliſtes, avec lequel des enfans jouent, eſt une piéce
incomparable.

Les Vertus peintes au deſſus du cordon qui ſe voit autour
du chevet de l'Egliſe, paroiſſent, de même, des véritables ſtatues
placées dans des niches, ſaillantes hors de la muraille. & iſolées
de tous côtez; & celle qui repréſente la pauvreté volontaire, a
par deſſus les autres, un relief qui paſſe tout ce qu'on a jamais
vû en ce genre-là: il ſemble qu'elle ne tienne pas même a la muraille lur laquelle elle eſt peinte, & il n'y a perſonne qui n'y ſoit
trompé.

Le payſage qui regne dans cette voûte, eſt partout d'un
grand goût, & d'un beau faire; les ſites en ſont parfaitement
bien liez, & en même tems très-bien dégagez; compoſez de peu
d'objets, mais bien choiſis.   Les lieux y ſont animez par les
eaux dont la nature eſt d'être en mouvement; & ces eaux em-
bellies par les reflets des objets voiſins, y ont une fraîcheur dé-
licieuſe.   Les couleurs y ſont toujours vraies dans les lointains.
Les arbres en ſont de formes bien variées, les touches ſpirituelles
& pre-

& précieuſes, ayant peu de traits, mais qui expriment beaucoup; en un mot, tout y eſt dans le goût exquis des Caraches ſes maîtres.

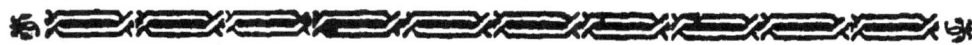

LES COLOMNES ANTONINE ET TRAJANE,

Qui ſe voyent dans les Places qui ont le même nom.

CEs deux Colomnes ſont toutes deux à limace, de marbre blanc, & toutes couvertes de bas-reliefs.

La Colomne Trajane eſt haute de cent quarante pieds; & l'Antonine, de cent ſoixante & quinze. Elles ont l'une & l'autre toutes les proportions des Colomnes faites ſuivant les régles les plus exactes de l'Architecture; ainſi on peut juger de leur groſſeur, par leur hauteur.

Il y a un eſcalier en forme de vis, dans chaque Colomne, par le moyen duquel on peut monter juſqu'au deſſus de leur chapipiteau. L'eſcalier de la Colomne Trajane a cent ſoixante & treize marches; & celui de l'Antonine en a cent quatre-vingt-dix: & ces eſcaliers ſont éclairez par quarante petites fenêtres qui ſont pratiquées le long du fuſt de chacune des Colomnes.

Les Urnes d'Antonin & de Trajan étoient autrefois ſur ces Colomnes; & les bas reliefs dont elles ſont couvertes, repreſentent les victoires remportées par les Romains, ſous le regne de ces deux Empereurs. On y voit leurs combats de terre, & leurs triomphes, mieux repréſentez qu'on ne le ſauroit voir ſur aucune médaille, ny par le moyen d'aucune eſtampe. Les hommes, les chevaux, tout y vit, tout y marche, tout y combat véritablement, mais avec rage. Les Romains en triomphe ſemblent partir, avancer, & cheminer autour de la Colomne; juſque ſous

leur

leur habit de guerre ils font pleins de majefté en allant au combat.

On y voit un nombre infini de figures, une varieté furprenante d'attitudes & d'actions ; & il n'y a qu'un génie inépuifable qui ait pû fournir au deffein d'une compofition remplie d'une fi prodigieufe abondance de penfées toutes différentes.

L'uniformité du travail de ceux qui ont taillé ces bas-reliefs, eft encore une chofe étonnante ; tout y eft également achevé, tellement qu'il femble que tout y ait été fait par le même ouvrier, & que ce foit le travail du même cifeau.

Mais ce qu'il y a de plus admirable dans toutes les figures de ces bas-reliefs, c'eft la proportion qui y a été obfervée par raport à leur fituation ; car elles vont toujours en grandiffant, à mefure qu'elles font plus élevées ; de forte que celles qui font au haut de la Colomne fe voyent auffi-bien que celles qui font au bas ; & tout y eft fi égal, que l'efprit trompé par les yeux ne s'avife point de penfer à la différence de la fituation des objets qui doit, par une fuite néceffaire, emporter la différence de leur grandeur.

Enfin, c'eft de ces précieux Monumens, que le grand Raphael d'Urbin même a tiré les plus belles penfées, & les expreffions les plus finguliéres dont il a enrichi fon fameux tableau de la bataille de Conftantin contre Maxence, qui fe voit au Vatican, & dont nous donnerons la defcription dans la fuite de cet ouvrage.

Au refte, ces deux Colomnes font encore prefqu'auffi entieres qu'elles étoient le jour auquel on les éleva, & elles font beaucoup mieux confervées que la plûpart des médailles qui furent frappées au même tems. C'eft-là ce qui s'appelle des Monumens véritablement éternels, & des inftrumens feûrs pour procurer l'immortalité à ceux pour qui ils ont été faits ; car ils font, par

A 3

eux-

eux mêmes, à l'épreuve des injures du tems; & quand le monde dureroit encore autant qu'il a duré, il ne paroît pas que ces Colomnes doivent moins durer, si on ne les renverse & si on ne les détruit pas de dessein formé: Aussi font-ce des ouvrages bien au-dessus de la capacité des autres peuples, & de la portée de ces derniers siécles.

Les Anciens ont fait paroître au moins quelque sorte de fécondité de genie dans l'art d'inventer des Monumens pour éterniser la gloire de leurs Princes; *Colomnes, Piramides, Sepulchres, Arcs de triomphe, on voyoit de la diversité dans leurs ouvrages; mais il semble que tous ceux qui s'en mêlent aujourd'hui, n'ayent dans la tête qu'une statue équestre.

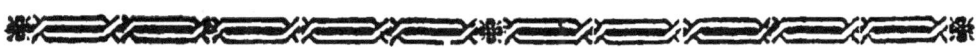

LE SAINT SEBASTIEN,

Tableau qui se voit au Palais Borghése;

Par Dominique Becafumi, autrementé appellé le Micarin, natif de Sienne.

L'EXCELLENCE de ce Tableau fait bien voir, qu'un Peintre d'un nom peu éclatant fait quelquefois des chef-d'œuvres qui égalent les ouvrages des plus grands maîtres. Saint Sébastien y est représenté le corps tout percé de fleches; une sainte & charitable **femme retire ces fléches de son corps, mais avec une

---

*Les Colomnes Traiane & Antonine; la Pyramide de Cestius; les sepulchres d'Auguste, & d'Adrien, les Arcs de triomphe de Septime Severe, de Titus, de Constantin, &c.

**Irénée, veuve du Martyr Castule.

une action inimitable, qui fait connoitre à tous ceux qui la regardent, combien elle reſſent de peine de la douleur qu'elle fait ſouffrir à ce ſaint Martyr, & combien elle voudroit pouvoir le ſoulager en lui cauſant le mal qu'elle lui fait malgré elle; elle appréhende de le bleſſer, en remédiant à ſes bleſſûres; elle tremble de le faire ſouffrir, en lui rendant ce douloureux ſervice; elle ſouffre la premiére, & avant lui, la douleur officieuſe qu'elle lui cauſe; elle tire ces fléches avec art, avec précaution, & avec je ne ſai quelle prudence induſtrieuſe; jamais on n'en tira avec une adreſſe ſi délicate, & en faiſant ſi peu de mal au bleſſé; elle ménage la playe & la fleche, elle y accomode le mouvement de ſa main; quand ce ſeroit de ſon propre corps qu'elle la tireroit, elle ne le feroit pas avec plus de ménagement & avec plus de meſures; il ſemble qu'elle ſente le degré de douleur qu'il ſouffre, & qu'elle y proportionne la force quelle employe: Ce n'eſt point une repréſentation qu'on regarde, c'eſt une action réelle à laquelle on aſſiſte; on compatit au ſaint Martyr qui ſouffre; on conduit, des yeux, la main de la ſainte femme qui le ſoulage; & peu s'en faut qu'on ne croye l'aider, tant on s'intereſſe à ſon action.

OB-

OUVRAGES de SCULPTURE

Qui se voyent à la Vigne *Borghese hors de Rome.

L'APPOLLON ET LA DAPHNE',

Groupe qui se voit dans le Palais de cette Vigne,

Par Jean Laurent Bernini, communément appellé le Chevalier Bernin, *natif de Naples.*

LE Groupe d'Appollon & de Daphné a emporté le prix de la réputation sur tous les ouvrages des derniers siécles, si bien qu'il est appellé communément, *le Miracle de la Sculpture moderne.*

C'est une chose qu'on ne sauroit assez admirer, que le Bernin, d'un bloc de marbre d'une aussi petite étenduë, ait sû faire deux figures toutes deux courantes comme celles-ci, dont l'une fuit, & l'autre court après. Il n'y a pas plus d'un demi pied de distance entre Appollon & Daphné, le Dieu saisit déja la Nymphe; cependant on voit bien qu'il ne la saisit qu'après avoir couru à perte d'haleine; & l'expression que le Sculpteur lui a donnée, fait connoître, d'une maniére sensible, qu'il est au bout de ses forces dans le moment qu'il l'attrape. Ainsi le Bernin a sû donner au marbre, non seulement l'agilité du mouvement, mais encore la rapidité de la course la plus vîte.

Qui dirai-je de la beauté de l'Appollon, & de celle de la

Da.

*On appelle Vignes les maisons de plaisance qui sont à Rome & aux environs.

Daphné? Vit-on jamais de plus beaux traits, ni de plus beaux corps à aucun Dieu, ou à aucune Déesse?

C'est le marbre le plus dur qui ait jamais été travaillé, & cependant il est taillé avec tant de tendresse, qu'il paroît de la chair même.

Les pieds de Daphné qui commencent à s'allonger en racines, sont le travail du ciseau le plus fin, & de la main la plus habile qui fut jamais; ce sont fibres de marbre délicates, si bien tirées, & formées avec tant d'industrie, qu'on voit bien encore que ce sont des pieds, quoi que ce soient déja des racines: C'est l'instant du changement, & l'action même de la *Métamorphose, qui y est exprimée; il semble qu'on voye ce changement se faire insensiblement, & comme par degrez. A la vüe de cette expression admirable, on demeure persuadé que Daphné a été veritablement métamorphosée. Le Bernin rend naturelle & aisée une chose impossible; car, à voir ce merveilleux groupe, il semble qu'il soit très aisé & très-naturel qu'un pied prenne racine, & que tout un corps humain se change en arbre. Les bras deviennent insensiblement des branches; & les doigts, de petits rameaux qui forment déja des bouquets de feüilles; de sorte qu'il semble que la métamorphose se fait dans le moment qu'on la regarde, & que tous ces changemens se forment à vüe d'œil.

Mais ce qu'il y a de plus excellent, à mon gré, dans ce chef d'œuvre, c'est le corps de Daphné, où quoïque les proportions soient si exactement observées, on entrevoit déja l'idée d'un tronc d'arbre; où la forme grossiére que devroit avoir une chose aussi matérielle que ce trone, n'empêche point que le Sculpteur n'ait conservé non seulement le trait délicat d'un corps humain,

B

*Cette Metamorphose est décritte par Ovide, au Livre 1. de ses Metamorphoses.

main, mais encore ces contours fi élégans & fi gracieux par lefquels les Anciens diftinguoient les corps de leurs Divinitez, d'avec
ceux des hommes; & où enfin, par un prodige de l'art, l'action
de croître qui ne fe fait que par des degrez imperceptibles dans
la nature & qui doit par confequent être infenfible, fe fait néanmoins fentir dans l'attitude merveilleufe où le Bernin a mis ce
corps, par un efpèce d'élancement qu'il lui a donné, & qui le fait
déja paroître plus haut que celui d'Appollon, à qui il eft prêt d'é-
chaper en s'elevant dans les airs par fon accroiffement.

Au refte, la modeftie du Sculpteur me paroît couronner
tout le mérite de fon ouvrage; & cette modeftie ne fait pas moins
voir fon génie, que fa fageffe; car Apollon, tout nud qu'il eft,
s'y trouve couvert par les feüillages qui ont été ingénieufement
pratiquez entre lui & Daphné: Et cette Nymphe dont il croit
faifir le corps, eft déja Laurier à l'endroit où il la touche; de forte qu'on ne voit rien, de ce côté-là, que l'écorce de l'arbre qui
commence à fe former de tout le corps de Daphné.

Que fi, après tout cela, on vient à faire réflexion que le
Bernin n'avoit encore que dixhuit ans, lorfqu'il fit cet excellent
ouvrage, qui égale les plus rares productions de l'Antiquité & qui
paffe toutes celles des derniers tems, n'admirera-t'on pas le génie,
ce précieux don du ciel, lequel eft indépendant des fiécles & des
années; qui fait qu'on peut, en tout tems comme à tout âge,
porter les ouvrages de l'art jufqu'à la fouveraine perfection; qu'il
n'y a rien en quoi les Modernes ne puiffent l'emporter fur les Anciens, & qu'il n'eft nullement impoffible que de jeunes gens qui
ne font que de naître, produifent quelquefois, pour les coups
d'effai, des ouvrages qui furpaffent les chef-dœuvres des maitres
les plus confommez!

LE

LE BELISAIRE MANDIANT, *

Statue antique.

CETTE ſtatue a, dans ſon attitude, une expreſſion ſi parfaite, que, ſans ſavoir qui elle repréſente, on voit bien tout
d'un coup que c'eſt un homme qui mandie, & en même
tems que c'eſt un grand Seigneur : accord rare & difficile à faire
& à repréſenter dans la même perſonne & preſque par les mêmes caractéres! car l'air d'un grand Seigneur & celui d'un mandiant ſont bien différens; cependant le Sculpteur a ſû ſi bien les
unir, dans cette ſtatue, qu'on voit bien que cet homme eſt l'un
& l'autre tout à la fois.

La pauvreté y eſt tempérée par je ne ſai quel caractére de
modeſtie qui accompagne toujours la pauvreté & l'indigence.

C'eſt un air d'élévation, mais d'une élévation flétrie par la
miſére; c'eſt une attitude de mandicité, mais d'une mandicité
cauſée par un ſort injuſte.

On voit bien que c'eſt un grand homme, mais qui eſt dans
le dernier beſoin; on voit bien que c'eſt un pauvre, mais un
pauvre nourri dans l'abondance & dans les richeſſes; & qui, bien
loin d'être né mandiant, paroit accoutumé à donner lui-même
libéralement à ceux qui mandient; un pauvre qui ſe voit réduit
à une étrange extrémité de miſére, mais qui connoît néanmoins
ſes talens, ſa capacité, & ſes emplois paſſez; un pauvre enfin
qui ne s'éléve point par l'idée des poſtes importans qu'il a remplis, & qui ne ſe laiſſe point trop abbatre par le triſte état où il
ſe voit tombé; qui connoît ſa fortune paſſée, ſans en être vain;

B 2   & qui

* Beliſaire, Général des Armées de l'Empereur Juſtinien dans le ſixieme ſiécle,
fut reduit à demander l'aumône dans les ruës de Conſtantinople, pour vivre.

& qui fent fa difgrace préfente, fans s'en laiffer accabler: Car ces doubles fentimens, quoi qu'unis dans l'air & dans l'attitude du Bélifaire, y font cependant fans aucune confufion, & s'y demêlent très-facilement.

LA FAUSTINE, ET SON GLADIATEUR.

Groupe antique.

ON ne peut regarder ce Groupe fans croire qu'on voit encore Fauftine elle-même tremblante pour la vie du Gladiateur dont elle étoit éperduement amoureufe, le vouloir retenir lorfqu'il eft fur le point de partir pour aller combattre à l'amphithéâtre. On démêle, dans fes fentimens, le fol amour dont elle eft éprife; fa paffion qui brûle de fe fatisfaire; fa naiffance qu'elle voit bien qu'elle déshonore, la grandeur de fon rang qu'elle avilit; les empreffemens timides & effrontez, foibles & hardis d'une femme qui aime, & qui fent bien qu'elle péche; la peur qu'elle a que fon amant ne meure; les efforts qu'elle fait pour l'arrêter: car toutes ces paffions font fi naturellement exprimées dans fon air & dans fon attitude, qu'on ne peut s'attacher à la regarder fans entrer dans fes fentimens; & qu'on auroit pitié de la peine d'une fi grande Impératrice, fi on n'avoit honte de fa foibleffe.

LE GLADIATEUR.

Statue Antique,

Par Agasias natif d'Ephèse.

IL n'y a, au monde, que six ſtatues de la force de celle-ci; c'eſt une de ces ſept *fameuſes du premier rang, qui nous ſont reſtées des Anciens, chez qui même elles ont toujours été regardées comme des prodiges de l'art; ce Gladiateur ayant paſſé, dans les tems les plus floriſſans de l'Empire Romain, pour un miracle de la Sculpture Grecque.

Il n'y a pas une ſeule partie de ſon Corps, qui ne faſſe voir qu'il ramaſſe toutes ſes forces contre ſon adverſaire; tous ſes muſcles, depuis la tête juſqu'aux pieds, ſon tendus, gonflez d'eſprits, & occupez à fournir à la véhémence du coup qu'il veut porter.

Il n'y a point d'homme qui puiſſe ſe camper, ſe poſter, & préparer toutes les forces ramaſſées de ſon corps, en la maniére que le fait ce Gladiateur, à moins que d'être Gladiateur de profeſſion, c'eſt-à-dire, d'avoir été inſtruit à combattre par de longs exercices, & d'en avoir appris le métier par regles.

C'eſt une choſe admirable à voir comment tout ſon corps eſt étendu depuis l'extrémité de l'orteil du pied ſur lequel il ſe ſoutient, juſqu'au bout des doigts du bras qu'il avance en l'air; il ſemble qu'un nerf puiſſant & vigoureux ſoit tendu depuis l'un juſqu'à l'autre, paſſant ſur les reins, qui ſont auſſi bandez que le bras & la jambe.

B 3 Qu'un

---

*La Vénus de Medicis, l'Hercule de Farnéſe, l'Appollon, le Laocoon, le Myrmillon, le Méléagre, & ce Gladiateur, qu'en nomme communement le Gladiateur de Borghèſe.

Qu'un Borelli *qui a étudié à fond la méchanique des mou-vemens du corps humain, eût deffiné une figure dans l'attitude de cette ftatue, je n'en ferois pas furpris, parce-que nul Philo-fophe de nôtre rems n'a fi bien fû que lui, en quelle fituation & en quelle pofture l'homme a le plus de force, ayant fait une étude finguliére de cette fcience pendant prefque toute fa vie: Mais qu'un Sculpteur l'ait faite auffi-bien que Borelli l'auroit pû faire, fi, avec toutes fes lumiéres, il avoit fû la Sculpture, c'eft un prodi-ge qui me confond; car il faut, pour le concevoir, que je fup-pofe que les découvertes que ce grand Philofophe a faites par les plus profondes méditations, & que je croyois les chofes du mon-de les plus nouvelles, fuffent fi vulgaires parmi les Anciens, que des gens qui n'étoient ni Phyficiens, ni Anatomiftes, ni Mathé-maticiens de profeffion, les poffédoient auffi-bien que Borelli. Car il eft vrai que le Statuaire, qui, dans cet ouvrage, a eû deffein de faire la figure d'un Gladiateur, lequel ramafsât toutes les forces dont le corps humain eft capable pour affener le plus grand coup qu'un homme puiffe frapper, a fait cette ftatue de telle forte, & lui a donné une telle attitude, qu'il n'y a pas un feul mufcle dans tout le corps, qui ne concoure à fortifier & à affermir ce grand coup; de maniére que quand ce feroit Borelli lui même qui auroit entre-pris de faire ce Gladiateur, il n'auroit pas pû, avec toute fa mé-chanique, trouver une fituation plus propre à cette action, que celle que lui a donnée un fimple Sculpteur de l'ancienne Gréce.

L'HERMAPHRODITE DORMANT,
Statue antique.

CETTE Antique fut trouvée à l'endroit où eft préfentement Nôtre-Dame de la Victoire, lorfque l'on y foüilla pour faire

les

---

*Philofophe méchanifte, lequel a fait, fur le monvement des animaux, un Traité qui eft une des plus excellentes productions de nôtre fiecle.

les fondemens de cette Eglife. Elle avoit, felon toutes les apparences, fervi d'ornement aux Thermes de Dioclétien, ou aux Jardins de Salufte. Guillaume Bertelot, françois de nation, fut chargé du foin de la reftaurer, & c'eft une des plus excellentes piéces qui nous foient reftées de l'Antiquité.

Le génie de celui qui l'a faite, s'y découvre d'une maniére admirable, dans l'art avec lequel, en ne faifant paroitre qu'un feul fexe, il fait pourtant connoitre que cette perfonne a tous les deux; car il l'a repréfentée couchée fur le ventre; de forte que le dos paroiffant vifiblement être celui d'une femme, & le fexe de l'homme fe voyant par deffous, il faut demeurer d'accord que c'eft l'attitude & l'expreffion les plus heureufes que l'efprit humain pût jamais inventer pour repréfenter un Hermaphrodite d'une maniére qui ne fût point immodefte.

Le Bernin a fait telle matelas de marbre fur lequel cette ftatue eft couchée, qu'il n'y a perfonne qui ne croye d'abord que c'eft un matelas de véritable futaine. Tout le monde, fans favoir trop bien pourquoi, y porte le doigt, & chacun fent, avec je ne fai quelle horreur qui fait frémir, la dureté du marbre qui réfifte, là où il étoit naturel de croire que le doigt allât enfoncer.

LE NARCISSE.

Statue Antique.

IL ne faut que jetter la vuë fur ce Narciffe, pour voir tout d'un coup qu'il fe mire, quoi qu'il n'y ait rien autour de lui où il fe puiffe mirer. Cependant, il femble qu'il foit effentiel de mettre un miroir ou une fontaine devant une perfonne pour la préfenter lorfqu'elle fe mire; néanmoins, ici, fans l'un

& fans

& fans l'autre, le Sculpteur fait voir évidemment que Narciffe fe mire, la force de fon expreffion fuppléant aux fontaines & aux miroirs.

Il faut favoir bien attraper la nature, pour pouvoir ainfi exprimer les actions dépouillées de leurs circonftances les plus effentielles. Les Statuaires d'aujourd'hui ont encore bien de la peine à en venir à bout, en les accompagnant de toutes leurs circonftances, même les plus inutiles. Ici le Sculpteur, fans aucun de ces fecours, reprefente l'action de fa ftatue dans toute fa force, par fa feule attitude, & par la feule énergie de fon expreffion.

LE SENEQUE MOURANT,

Statue Antique.

SENEQUE eft ici repréfenté les veines ouvertes, & perdant tout fon fang dans une Cuve de marbre noir, où il eft tout nud, & debout, quoi qu'un peu voûté.

La Cuve n'eft creufée que de la hauteur d'un demi pied, & tout le dedans eft de porphyre plat & uni.

La ftatue n'eft pas non plus entiére, car elle n'a que le haut des jambes, qui font enchaffés dans le porphyre, dont la Cuve eft pleine.

Rien ne reffemble tant à la couleur du fang que celle du porphyre; tellement que Sénéque en cette fituation paroît être veritablement dans fon fang jufqu'à mi-jambes, au milieu d'une Cuve profonde qui en eft déja prefque remplie.

Il eft de marbre noir, ce qui fait paroître encore plus mourans fes yeux qui font d'albâtre.

Tous les fentimens dont il eft rempli dans cette extrémité

font

font repréfentez fi vivement fur fon vifage & dans fon air, qu'il n'y a perfonne qui ne les y puiffe lire: on y voit manifeftement, que ce grand Philofophe fent qu'il touche à fa derniére heure ; & qu'il va perdre la vie avec le refte de fes forces, qui commencent à lui manquer ; qu'il eft pénétré de l'immortalité de fon ame, déja occupé par avance de l'autre vie dans laquelle il va entrer, perfuadé d'une juftice fuprème, d'une providence univerfelle, convaincu de l'exiftence d'un premier Etre qu'il réclame, qu'il envifage même fixement à ce qu'il paroit.

Son attitude expirante, fes regards mourans portez du côté du ciel, fon vifage moribond élevé vers les Dieux, fon fang épuifé, fes forces abbatuës, tous les membres de fon corps languiffans, la défaillance générale où il va tomber, tout cela enfemble forme une expreffion fi touchante, que tous les fpectateurs en font attendris.

On croit être véritablement préfent à la mort de cet infortuné Philofophe, & le voir dans fon agonie rendre les derniers foupirs. Oui, quand on a bien confidéré cette ftatue, on ne peut guéres s'empêcher de croire, toute fa vie, qu'on a été témoin oculaire de ce grand événement, & qu'on a véritablement affifté à ce trifte fpectacle.

Si nos Sculpteurs favoient faire un CHRIST d'une pareille expreffion, il eft conftant qu'il tireroit des larmes des yeux de tous les Chrétiens fans le fecours d'aucune éloquence ; puis que ce Payen expirant attrifte (par la feule expreffion) tous ceux qui le voyent, quoi qu'on ne prenne en lui aucun autre intérêt, que l'intérêt commun de la nature, dont le fentiment nous rend compatiffans à la vuë de tous les objets dignes de pitié.

C

HER-

HERCULE ETOUFFANT ANTHE'E.

Tableau qui se voit dans le Palais de la même Vigne.

Par le Chevalier Jean Lanfranc natif de Parme.

HERCULE tenant Anthée en l'air, le serre d'une si furieuse force en le prenant au défaut des côtes, qu'il lui écrase tout le corps, & fait presque toucher un des côtez à l'autre. Il semble qu'on entende les cris épouvantables que pousse ce pauvre malheureux qui se sent ainsi crever le ventre.

Hercule serre, & fait des efforts terribles, jusqu'à en devenir tout contrefait ; Anthée fait des cris, & souffre une douleur qui va jusqu'à le faire grincer les dents de rage ; & on ne comprend pas comment un Peintre qui n'a jamais vû étouffer ainsi un homme en l'air, peut deviner toutes ces expressions & toutes ces attitudes.

Au-reste, il est facile de reconnoître, dans cet ouvrage, ce goût de dessein grand & ferme, fort & terible, d'Annibal Carache Maître de Lanfranc, auquel le Disciple a partout joint une liberté de pinceau & une légéreté de main qu'on peut regarder comme son caractére propre, & son talent particulier,

OU-

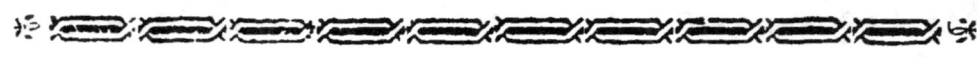

OUVRAGES de SCULPTURE
Qui se voyent au Capitole.

LES DEUX CHEVAUX DE MARBRE,

Qui sont sur la baluftrade de la Cour.

Antiques.

Et les deux autres qui se voyent à Monte-Cavallo, *dont l'un a été fait par* Phidias, *& l'autre par* Praxitele.

LEs deux Chevaux de marbre qui sont à l'entrée de la Cour du Capitole, ont une attitude si pleine de vie & de mouvement, qu'on ne peut passer pour entrer dans la Cour du Capitole, sans en avoir peur; car il n'y a personne qui en levant les yeux pour les regarder, ne croye qu'ils vont marcher sur sa tête. Il semble qu'ils n'ont plus que les pieds de derriére sur la baluftrade; que ceux de devant avancent déja hors l'enceinte de la Cour, & qu'ils vont se jetter au bas du Capitole.

Cependant ces Chévaux, tout vifs qu'ils sont, paroissent froids en comparaison de ceux de *Monte-Cavallo*. On peut juger par là, de quel feu & de quelle vivacité doit être leur attitude.

Le Statuaire a choisi l'attitude la plus animée & la plus impétueuse des chevaux les plus fougueux, & il a sû la leur donner. Ils sont tout en l'air, appuyez sur les deux jambes de derriére, qui sont écarquillées & toutes pliées par la violence des efforts qu'ils font pour s'échapper, malgré les deux hommes qui les retiennent.

C 2

On.

On voit leur peau se froncer, leurs jambes de devant s'élever, leur cou se tordre, & tout leur corps se cabrer; leur bouche est ouverte, leur langue sort, leurs naseaux enflammez renifflent & soufflent plutôt du feu que de l'air; &, à voir leurs mouvemens inquiets & leur action violente, vous diriez qu'ils vont se renverser tout à-fait sur le dos, ou se précipiter en emportant les hommes qui s'efforcent de les retenir.

Il faudroit qu'un cheval vivant & véritable fût bien vigoureux, & qu'il fût même extraordinairement poussé & forcé, pour faire paroitre la fougue & les emportemens de ceux-ci.

STATUE EQUESTRE

DE L'EMPEREUR MARC AURELE,

Antique.

IL n'y a constamment aucun cheval, ni Anglois, ni d'Espagne, quelque vif & quelque vigoureux qu'il soit, qui fasse paroître plus de vigueur & de vie que celui ci, tout de bronze qu'il est.

A voir sa légéreté, on diroit qu'il ne pése point sur le piéd-d'estal qui le soutient, & qu'il n'a pas besoin d'appui. A voir son action & son feu, vous diriez non seulement qu'il va partir, mais que ses pieds ne tiennent point à la base qui le porte, & qu'il marche véritablement; il semble qu'il ait plus de mouvement & de vie, que les chevaux mêmes qui se meuvent & qui vivent.

On a eû bien raison de dire que ces anciens Fondeurs versoient des ames dans leur airain en le fondant.

Mais que dire de la dorûre du Marc Aurêle? quel or, quel
bril-

brillant, quel éclat, quelle durée, quel art de dorer! Cette dorûre eſt ſi legére, ſi fine, ſi intiment unie au métal, qu'elle ne fait plus qu'un même corps avec lui, & qu'il ſemble que ce ſoit une ſtatue d'or pur, & non plus du bronze doré.

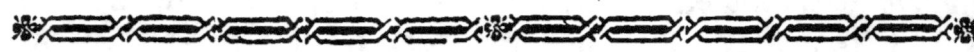

LE SAINT-MICHEL,

Tableau qui ſe voit aux Capucins de *Capole Caſe,*

Par Guido Reni, vulgairement nommé le Guide, natif de Bologne en Italie.

JE n'ai vû aucun Tableau du Guide qui ſoit d'un coloris auſſi brillant que celui-ci, où il a, pour ainſi dire, prodigué le vermillon & l'azur qu'il employe ſi peu par-tout ailleurs.

Saint Michel y eſt peint dans l'attitude du monde la plus noble & la plus auguſte; les aîles étenduës, en l'air, le bras levé & foudroyant, l'écharpe volante, l'habillement à la Romaine; toute la toile remplie de la vaſte & ſpatieuſe grandeur de cet Ange; ſon air victorieux & atterant; tout cela a quelque choſe de ſi pompeux, qu'une Créature ne ſauroit avoir un air plus divin, ſans paroître un Dieu.

Que dirai-je de plus? Tous les talens du Guide me paroiſſent éclater avec toute leur magnificence dans ce ſeul Tableau, comme dans une commune expreſſion; ſa maniére facile, grande & noble, douce & gracieuſe? ſon pinceau leger & coulant; ſes coups hardis paſſez ſur les endroits les plus pénez, pour dérober la vue & l'idée du travail qu'ils lui avoyent couté; ſa fineſſe dans les figures; la grace & la dignité par tout répanduës; en

C 3

un

un mot toutes ces grandes & rares parties de fon Art, qui lui
ont acquis une réputation immortelle.

❊❊❊❊❊❊❊❊❊❊❊❊❊❊❊❊❊❊❊❊❊❊❊❊❊❊❊❊❊

LA SAINTE CECILE,

Statue qui fe voit fur le Tombeau de cette Sainte
dans l'Eglife confacrée fous fon nom.

Par Eftienne Maderne, Lombard.

IL n'y a perfonne qui ne crût que cette Statue eft un des ouvrages du Chevalier Bernin; car pour la délicateffe du travail
& la tendreffe avec laquelle le marbre y eft taillé, c'eft entière-
ment le goût & le génie de ce fameux Sculpteur.

Eftienne Maderne qui l'a faite, a repréfenté fainte Cecile
dans la pofture où fon corps fut trouvé long-temps après fa mort;
c'eft-à-dire couchée & etenduë de forte, que la moitié de fon vifage étant contre terre, on n'en voit que l'autre moitié.

C'eft ce corps mort ainfi trouvé, que Maderne a voulu repréfenter par cette Statue; & jamais deffein ne fut mieux exécuté.

Il femble qu'on voye effectivement une perfonne morte,
& vétuë d'habits qui ont pris un tour conforme à la pofture que
lui a donnée fa chute en tombant par terre.

Ce n'eft plus du marbre qu'on a devant les yeux, c'eft de
la chair, ce font des habits qui l'enveloppent, & qui fe font ar-
rangez fuivant l'impreffion que le poids d'un corps mort qui tombe donne à fes membres deftituez de vie & de mouvement.

La nonchalance de ces membres frappe les moins intelli-
gens;

gens; on voit les bras fe joindre; & la tête emportée par fa pefanteur, fe tourner à demi d'un côté pour faire l'equilibre du refte du corps dans la fituation où il fe trouve.

Jufqu'aux bleffûres que reçut la Sainte, tout eft divinement exprimé dans cette Statue; on voit fenfiblement que non feulement c'eft un corps mort, mais que c'eft le corps d'une perfonne morte de bleffûres violentes, fans néanmoins qu'il paroiffe aucun veftige des playes qu'elle a reçûës; mais fa pofture & fa fituation font fentir fa chute; & la maniére dont ce corps eft couché & dont fes membres font ramaffez, fait connoitre vifiblement que c'eft le corps d'une perfonne, qui ftappée de coups mortels, eft ainfi tombée le vifage contre terre, & y a pris cette attitude fi naturelle.

Enfin le marbre perd ici fa roideur dans les plis d'une étoffe fouple qui fuit le mouvement d'un corps pefant, fuivant la pente duquel elle femble céder & obéir à vûë d'œil; il y perd fa dureté dans la chair d'un corps dont les membres fe plient & fe tournent fuivant la fituation que leur fait prendre leur propre poids qui les entraîne, &, de toutes fes qualitez, ne retient que fa froideur & fa pefanteur, pour exprimer celles de la chair d'un corps mort,

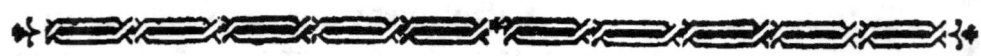

LE CHRIST.

Tableau qui fe voit à la Chancellerie, dans l'appartement du Cardinal Ottobon.

PAR LE GUIDE.

IL n'y a, dans ce Tableau, que la Tête d'un CHRIST couronné d'épines; cependant je ne crois pas que la Peinture puiffe

fe étaller plus de richeffes, que le Guide en a déployé dans cette
feule Tête.

On n'a jamais vû, fur un vifage, tant de tranquillité avec
tant de peine, tant de force avec tant de fouffrance, & tant de
férénité avec tant de douleur.

Dans un teint flétri, noirci de coups & de meurtriffûres,
& à travers le fang qui coule fur le vifage de ce CHRIST, ou
qui eft déja caillé, le Guide fait paroître des traits de majefté fi
éclatans, un air de grandeur fi élevé, une image de divinité fi
fenfible, qu'il n'y a qu'un Dieu qui puiffe être ainfi fait: & que
jamais aucun homme, dans l'éclat de la plus grande jeuneffe
n'eut un air auffi grand qu'a ce CHRIST dans le plus deplorable
état où une perfonne puiffe être reduite.

Il faut bien poffèder l'idée du Beau, pour la favoir ainfi
faire briller jufqu'au milieu des fletriffûres d'un vifage, pour
ainfi dire enfevéli dans le fang qui coule de toutes parts, d'u-
ne tête toute crevée des épines qui la percent.

OU-

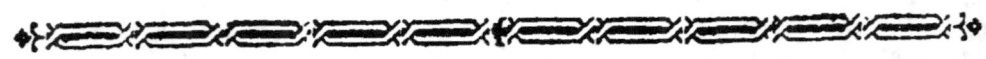

OUVRAGES DE PEINTURE

QUI SE VOYENT AU PALAIS CHIGI DEVANT L'EGLISE DES SAINTS APÔTRES,

Et qui appartiennent
Au Prince Dom Livio Odefcalchi.

LA DANAE',

Par Antoine, communément appellé le Corrége, *natif de Corrége ville du Modénois.*

CE Tableau eft un des plus beaux qui foient fortis du pinceau du Corrége. Danaé y eft repréfentée dans fon lit, couverte feulement d'un de fes draps, dont même elle fe découvre prefque tout le corps, pour arranger ce drap d'une maniére propre à recevoir la pluye dorée d'une nuée jaune & brillante qui fe réfout en gouttes d'or, & qui tombe dans le creux qu'elle a formé de ce drap,

Il n'y a guéres de corps de femmes dont la blancheur pût fe foutenir au-milieu de ces draps qui font d'un blanc de neige & de lait ; cependant, bien loin que celle de Danaé en foit défaite, il femble que le Corrége n'ait étallé tout l'appareil de la blancheur ébloüiffante de ce lit, que comme un théatre propre à faire éclater davantage celle du corps de cette femme.

Sa beauté parée de tous les agrémens de la jeuneffe, la fait paroître digne de la paffion du plus grand des Dieux, & fon air plein de tous les charmes d'innocence femble mériter que Jupi-

D ter,

ter, fans ufer contre elle de fa toutepuiffance, ménageât fa conquête par un artifice auffi féduifant que celui de la nouvelle métamorphofe *qu'il employe pour s'en rendre le maître.

Le coloris de cette nuée grôffe d'une pluye d'or, eft d'une entente merveilleufe; mais le génie du Corrège eft encore plus admirable dans l'air dont il fait recevoir à Danaé les précieufes gouttes de cet or liquide.

Un moins habile homme que lui, l'auroit peinte ramaffant avec empreffement cette riche pluye; mais une paffion auffi odieufe que l'avarice, n'eft point le caractére d'une perfonne auffi jeune & auffi noble que l'étoit Danaé; & l'on voit feulement, dans fon air, je ne fai quelle furprife agréable mais innocente, avec laquelle elle reçoit cet or, l'objet de la paffion d'un cœur avare, véritablement avec quelque complaifance, mais fans aucune avidité.

Le Cupidon qui lui aide à recevoir la pluye d'or, eft d'une beauté achevée, & paroît plutôt un Dieu qu'un homme.

Les petits amours qui frottent, fur la pierre de touche, une fléche qu'ils ont faite de l'or qui tombe en pluye, pour éprouver s'il eft de bon alloy, font d'un goût exquis, & leur action eft d'un naturél admirable.

On ne peut rien voir de plus fin pour les expreffions, de plus délicat pour la fonte des couleurs, & de plus charmant pour le pinceau, que cet ouvrage.

Les contours y font tendres & coulans; le racourci merveilleufement bien fait; la maniére la plus finie & la mieux terminée qui ait jamais été.

Toutes les penfées en font ingénieufes, les airs de tête nobles & gracieux; & l'extrême exactitude du travail n'empéche point qu'il n'y paroiffe une merveilleufe facilité.

*Ovid. Metam l. 4.

II

Il femble que la beauté & la grace réfidaffent au bout des doigts de cet excellent Peintre, & qu'elles s'en détachaffent lorfqu'il travailloit, pour aller fe répandre dans fes ouvrages.

Les couleurs de fes figures tiennent, toutes, de celle du champ qui leur ferd de fond, & s'y uniffent tendrement; ces couleurs ont je ne fai quoi de précieux qui enchante; fon pinceau uni, coulant & leger paroit avoir été conduit par la main d'un Ange: Et quand on fait réflexion que le Corrége a porté la Peinture jufqu'à un fi haut degré d'excellence fans avoir rien appris des Anciens ni des Modernes, fans avoir vû l'Antique & fans avoir eû aucun maître, on ne peut s'empêcher d'admirer le fouverain Autheur de tous les talents naturels, qui, dans la difpenfation qu'il en fait, fe plait quelquefois à donner à certains hommes un génie tellement au-deffus de la mefure commune, qu'il peut fuppléer aux régles & aux préceptes, aux inftructions & aux exemples, & à toutes les lumiéres étrangères, comme il a fait en celui-ci.

LE GANIMEDE.

Par Michel-Ange Buonarotti, né dans le Territoire d'Arezzo en Tofcane: & par Annibal Carache, natif de Boulogne en Italie.

CE Tableau a ceci de fingulier, que le fujet en a été peint par Annibal Carache, un des plus grands hommes qui ait jamais été pour la Peinture.

Il eft affez difficile de comprendre comment, felon la Fable*, un Aigle a pû enlever un homme, & le porter, en volant, au-deffus des airs. Plus on y penfe, moins il femble qu'il foit poffible de le concevoir. Cependant Michel Ange a fi bien fait,

D 2　　　　　　　　　　par

*Ovid. Metam. l. 10.

par le deſſein de ce Tableau, qu'il a rendu tres vraiſemblable cette action, qui paroît d'autant plus impoſſible, qu'on employe plus d'efforts d'imagination pour la concevoir; car ſans avoir fait l'Aigle trop grand ni le Ganiméde trop petit, il a ſû donner tant de force à l'un & tant de délicateſſe à l'autre, qu'il paroît très-naturel que l'Aigle, vigoureux comme il eſt, enléve ſans de grands efforts un jeune garçon auſſi délicat qu'eſt le Ganiméde.

C'eſt une choſe merveilleuſe, que l'attitude que Michel-Ange a donnée à ces deux figures; car il a tellement enlaſſé le Ganiméde par le moyen du cou de l'Aigle & d'une de ſes ſerres, qu'il le tient avec une force invincible, ſans néanmoins qu'il puiſ-ſe l'empêcher de prendre ſon eſſor.

Une ſeule de ſes ſerres dont il entoure une des cuiſſes de Ganiméde; & ſa tête & ſon cou dont il environne le corps de ce jeune homme, le mettent tellement en ſa puiſſance, qu'il a le mouvement de ſes aîles libre pour voler, ſans cependant que ſa proye lui puiſſe en aucune maniére échaper.

Ainſi le Peintre, par cette puiſſante expreſſion de force qu'il a donnée à l'Aigle, par la délicateſſe du corps de Ganiméde, & par l'enlaſſement de l'un dans l'autre, a rendu vraiſemblable une choſe qui paroît impoſſible à l'imagination des meilleurs eſprits.

C'eſt encore, à mon gré, une merveille du deſſein, que ce Chien qui regarde, avec une action pleine de ſurpriſe, ſon maitre qu'il voit enlever dans les airs; car rien n'eſt plus dans le bon goût de la nature, que ce Chien, qui autre part ne ſeroit rien & qui fait ici un effet admirable. Rien ne paroît plus aiſé à imaginer quand on le trouve fait; mais avant que de l'avoir vû, qui eſt-ce qui s'en ſeroit aviſé? Voilà le mérite particulier de Michel-Ange dans cet ouvrage.

Le Carache a celui d'avoir peint, avec la derniére force &

la derniére délicateffe, le plus beau deffein du monde; car on ne vit jamais un Aigle plus parfait, ni un corps d'homme plus beau & mieux peint que celui-ci. En un mot, on voit ici toute la vivacité qu'il favoit donner aux expreffions, toute fa fermeté dans l'exécution: Et toutes les figures de ce Tableau font également connoître le merveilleux talent que cet excellent Peintre avoit pour choifir, dans tous les objets de la nature, certains caractéres fpécifiques & dominans qui les font plus effentiellement être ce qu'ils font; & qui les font auffi plus fenfiblement & plus fpecificativement paroître ce qu'on veut qu'ils paroiffent, quand on fait les attraper comme lui, & les imprimer aux chofes qu'on a deffein de repréfenter.

LA SYBILLE.

Par le Guide.

LA pâleur du vifage de cette femme, fes rides, fa coëffure, tout fait connoître d'abord que c'eft une Sybille.

On n'a jamais vû, dans aucun ouvrage de Peinture, une expreffion plus naturelle & plus forte d'une rêverie profonde, que celle que le Guide a fait paroître dans tous les traits de cette perfonne. Son ame toute retirée en elle-même par la force de fon application, femble avoir attiré, dans la profondeur où elle eft enfoncée, tous les efprits & tout le fang des parties extérieures du corps qu'elle laiffe pâles & éteintes; il femble que cette ame ait quitté tous les objets préfens, & même fon propre corps, pour s'enfoncer dans la vuë de l'avenir; & l'air de cette Sybille porte le caractére de celle par laquelle on penfe au préfent & au paffé; elle fait des efforts tout autrement grands pour per-

D 3   ces

cer les ténébres épaiſſes qui couvrent les choſes futures; il ſemble qu'elle ſe fait, pour cela, une eſpéce de violence à elle-même; & je ne ſai quel air de ſouffrance mele à ſa profonde application fait ſentir ce que lui coûte la découverte de l'obſcur avenir
qu'elle veut pénétrer.

Pour moi, je ne trouve rien de plus admirable que ce caractére de méditation que le Guide a ſù faire paroitre dans ce Tableau.   Il faudroit avoir vû des Devins s'efforcer de pénétrer l'a-
venir, afin de ſavoir l'air que donnent au viſage d'une perſonne
de ſemblables efforts; car c'eſt cet air que le Guide a merveilleuſement bien donné à cette Sybille: Elle rêve d'une maniére toute différente de celle par laquelle on nous peint, quelquefois, les
Philoſophes, même les plus méditatifs recherchants la connoiſſance
des véritez les plus abſtruſes: Les Sénéques, les Socrates, les
Catons & les plus ſavans rêveurs de l'Antiquité n'ont jamais rêvé
avec la profondeur enfoncée que le Guide a ſù donner à la rêverie de cette Prophéteſſe; on voit ſenſiblement qu'elle cherche
des véritez tout autrement cachées que celles qu'ils méditoient,
& qu'elle perce des enfoncemens tout autrement obſcurs: Vous
diriez qu'elle léve, avec une eſpece d'horreur, les voiles téné-
breux des événemens futurs qu'elle découvre; & qu'elle dérobe,
avec frayeur, la connoiſſance de l'avenir qu'elle pénétre; il ſemble qu'elle en frémit & qu'elle en palit;   car toutes ces choſes
ſont divinement bien exprimées dans le caractére d'application
& de méditation que le Guide a fait paroître ſur le viſage & dans
l'air de cette Sybille.   Quel génie que celui des Peintres qui vont
rechercher des expreſſions ſi ſavantes & ſi étudiées!

LA

LA SAINTE VIERGE.

Par Raphaël Sanzio, natif d'Urbin.

CE Tableau eſt, au jugement de tous les connoiſſeurs, le plus beau que Raphaël d'Urbin ait fait de cette eſpéce, lui qui a fait une infinité de Vierges ſi belles; car il ſemble que ces ſortes de Tableaux ayent été ſes ouvrages favoris, & qu'il ſe ſoit ſenti une inclination particuliére pour les faire; nul Peintre n'en a jamais tant fait; nul Peintre n'en a jamais fait de ſi belles; & celle ci eſt conſtamment autant au deſſus de ſes autres Vierges, qu'elles ſont toutes au-deſſus de celles des autres Peintres.

Il n'y a rien de plus ſimple que le ſujet de ce Tableau; il n'eſt compoſé que d'une Vierge, d'un enfant JESUS, d'un ſaint Jean, & d'un ſaint Joſeph.

La Vierge tient l'enfant JESUS par le bras, & ſaint Jean s'approche de lui pour le baiſer: Raphaël les a peints debout, afin de faire voir la beauté de leur corps toute entiére; auſſi n'a-t-on jamais vû deux corps d'enfant plus beaux & plus parfaits que ces deux ci: l'on avoüera, en les conſidérant, qu'il faut que la nature ſe ſoit fait voir toute nuë à Raphaël, & lui ait révélé toutes ſes beautez, pour l'avoir ſû peindre auſſi parfaite. Je doute même que la nature ſoit auſſi belle qu'elle l'eſt dans ce Tableau. Raphaël a été aſſurément plus loin qu'elle dans cet ouvrage; & il l'a peinte ſuivant l'idée qu'il en avoit, plûtôt que ſuivant ce qu'elle eſt: Ce n'eſt point certainement de la nature, que Raphaël a tiré ces excellentes expreſſions, qui ſont plus belles qu'elle-même; il faut qu'il les ait puiſées dans l'idée du Beau, ſource primitive, qui n'eſt connue qu'aux grands hommes, & de laquelle

ils

ils tirent leurs expreſſions plus ou moins parfaites, à proportion de la force & de la beauté de leur génie.

La Vierge eſt grande & majeſtueuſe; elle a l'air le plus noble qui fût jamais, mais accompagné d'une ſimplicité charmante, qui aſſortit admirablement bien l'innocence des deux aimables enfans qui ſont auprès d'elle.

Le corps du ſaint Jean n'eſt ni moins beau, ni moins bien proportioné que celui du Jesus; mais la carnation en eſt ſi différente, qu'il eſt aiſé de reconnoître celui qui eſt le Dieu, à ſes chairs ſi tendres & ſi blanches.

Quoique le Jesus ſelaiſſe approcher familiérement de ſaint Jean, qui vient le baiſer avec la ſimplicité de l'enfance qui ne ſait ce que c'eſt que la diſtinction des qualitez, il conſerve néanmoins, dans cette bonté acceſſible, je ne ſai quelle gravité ſérieuſe, qui le fait véritablement paroître comme un Souverain qui reçoit l'hommage d'un de ſes ſujets: Et quoique le ſaint Jean aborde le Jesus par une action auſſi familiére que celle de le venir baiſer, cette action eſt ſi modeſte & ſi reſpectueuſe, qu'on voit bien que c'eſt tout au plus un favori, qui n'en uſe ſi librement que par la bonté de ſon maître qui l'autoriſe.

Au reſte, les couleurs de ce Tableau ſont ſi belles & ſi gracieuſes, que de ſi loin qu'on l'apperçoive, il charme les yeux ſans même qu'on en diſtingue encore le ſujet, par la ſeule beauté du coloris.

LA

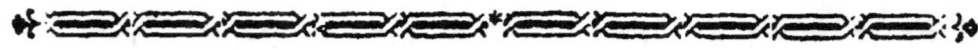

LA VENUS,

Tableau qui se voit dans la Galerie du Palais du Connétable Colonne.

Par Paul Caliari, vulgairement appellé Paul Véronèse, natif de Verone.

IL n'est pas possible de voir une femme qui ait plus d'agrémens & de charmes, que cette Venus; elle a, outre cela, cet air de jeunesse à qui le badinage sied si bien; car elle badine effectivement avec Cupidon son fils, qui lui veut ôter quelque chose qu'elle tient & qu'elle éléve de peur qu'il n'y atteigne; On le voit aussi s'élever sur le bout de ses pieds, & étendre le bras de toute sa force, pour lui arracher ce qu'elle ne veut pas lui donner; & cette action est d'un naturel au-dessus de toute expression, ces petits efforts qu'il fait vainement, ont je ne sai quoi d'enfantin qui enchante, & qui donne une grace merveilleuse à son petit corps, le mieux formé qui fût jamais: Il semble qu'on l'entend murmurer & se plaindre; & Vénus qui y prend plaisir, rit de ses vains efforts & de ses petites plaintes, de la maniére la plus naturelle & la plus gracieuse du monde.

Pour moi, plus j'ai considéré ce Tableau, plus j'ai été persuadé que l'examen des ouvrages de Paul Véronèse faisoit connoître avec évidence la justice des éloges qu'on a faits de cet excellent Peintre, quand on a dit que son exécution étoit ferme & assurée; que personne l'a égalé pour la facilité & la maîtrise du pinceau; que les attitudes & les actions de ses figures sont si simples & si faciles, si commodes & si naturelles, & que les

E

cou-

couleurs font employées dans fes ouvrages avec une pratique fi libre & fi aifée, qu'il femble que toutes chofes s'y foient faites d'elles mêmes & fans aucune peine; qu'il a entendu les couleurs locales auffi bien que ceux de fa profeffion qui ont excellé dans cette partie de la Peinture; qu'il a deffiné les corps de femme avec une élégance finguliére; que fes Têtes ont du grand & du noble; qu'il n'y a point d'ouvrages plus travaillez que les fiens & plus recherchez foit par des teintes vierges dans les clairs, foit par des glacis dans les ombres; & qu'enfin les couleurs rom- puës qu'il a employées par-tout fi à propos, donnent une fi par- faite union aux autres, que l'accord & l'harmonie du tout enfem- ble a quelque chofe qui enchante les yeux : Mais je ne comprens pas ce que ceux, qui lui ont reproché que fes expreffions n'ont aucune fineffe & qu'il a mal touché le caractére des paffions, pouroient réprendre à la fimple vuë de ces deux feules figures.

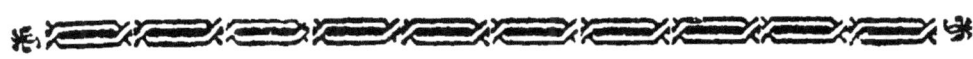

STATUE

Que les uns difent repréfenter Poppée, & les autres, Agrippine,

Dans les Jardins Farnefes au Mont Palatin.
ET LE FAUNE,
Statue qui fe voit au Palais Barberin.

Toutes deux Antiques.

QUELQUES Antiquaires difent, que cette Statue d'une fem- me qui rêve fi profondément dans les Jardins Farnêfes
au

au Mont Palatin, repréfente la fameufe Poppée; ce qui ne me paroît nullement vraifemblable, Tacite nous parlant de Poppée comme de la plus belle femme. D'autres veulent que ce foit Agrippine, Quoi qu'il en foit, il n'y a aucune ftatue, dans Rome, plus pleine de vie que celle ci.

Cette femme penfe, mais on voit que fes penfées vont, fi j'ofe me fervir de ce terme, jufqu'au dernier approfondiffement de la chofe à laquelle elle s'applique: c'eft la rêverie la plus enfoncée à laquelle elle eft entiérement livrée: elle eft poffédée par une de ces réflexions puiffantes qui occupent toute l'ame, qui l'enlévent à toutes les fenfations du corps, & dans lefquelles nous fommes infenfibles à l'action de tous les objets qui nous environnent, nous n'entendons plus ce qu'on nous dit, nous ne voyons point même ce que nous regardons, & nôtre corps n'agit plus que machinalement.

Cette rêverie profonde n'eft pas feulement exprimée par les traits du vifage & par l'air que le Sculpteur a donné à cette Statue, mais encore par la pofture de tout fon corps; de forte que quand la tête en feroit ôtée, on connoîtroit, d'une maniére très fenfible que cette femme rêve profondément, par fa feule attitude.

Le Réverend Pére Mabillon dit, dans fon Voyage d'Italie, que l'air de cette femme eft *merveilleufement bien compofé à la triftefe:** mais apparemment ce grand homme, qui s'appliquoit à Rome, à des chofes bien plus importantes, n'a vû ces fortes de curiofitez qu'en paffant; & je fuis perfuadé que s'il avoit fuffifamment examiné cette Statue, il auroit reconnu que l'expreffion ne va pas jufqu'à la triftefe, & qu'il n'y a que de la rêverie, mais la rêverie la plus profonde qu'on ait jamais vuë: Et comme les Anciens

E 2

ciens

*Mire ad triftitiam compofita.

ciens ne faifoient pas feulement des Statues d'hommes & de femmes, mais qu'ils en faifoient encore des Vertus, des Paffions,
des actions de l'Ame & de fes fentimens; car on en voit de la
Pudicité, de l'Honneur, de la Concorde, de l'Ami ié Conjuga-
le, de la Fidélité; ainfi il peut bien être qu'ils ayent fait celle-ci
pour exprimer la Rêverie fous la figure d'une femme.

Quoi qu'il en foit, il n'y a rien de plus naturel que fon
air & fon attitude; plus on la regarde, moins il femble que ce
foit une Statue; plus on s'attache à la confiderer, plus il femble
que ce foit une perfonne qui rêve véritablement: nulle Statue
moderne n'a cette vie & ce naturel; & je ne fache que le Faune du Palais Barberin qu'on lui puiffe comparer.

Ce Faune eft repréfenté dormant d'un paifible & agréable
fommeil; on ne fauroit fe laffer de le regarder; rien n'eft plus
beau, parce que rien n'eft plus naturel; ou plutôt, c'eft la nature elle même toute vivante qu'on voit dans cette Statue; les
plus belles de l'Antiquité ne font belles que par là; ce qui les
rend fi admirables n'eft fouvent qu'une pofture, un gefte, un
rien fi naturel, que la nature ne l'eft pas plus elle-même: il faut,
pour ainfi dire, l'avoir vuë à nud, pour attraper ces airs fi délicats, ces traits fi fins, ces riens fi naturels; un génie médiocre
ne s'en avife point, il va toujours chercher je ne fai quoi de guin-
dé dans tout ce qu'il fait, il n'y a que les grands hommes qui les
fachent trouver; & quand ils les ont donnez à leurs ouvrages, le
marbre n'eft plus du marbre; une Statue n'eft plus une Statue;
c'eft un homme, c'eft une perfonne qui vit & qui refpire.

Enfin, je ne craindrai pas de dire, qu'il n'y a point, à Rome, de Statue comparable à ces deux-ci pour la force de l'expreff-
fion dans un fujet où il foit fi difficile d'en faire paroître.

Les autres repréfentent ordinairement quelque action écla-

tan-

tante, ou quelque paſſion ardente; cela n'eſt pas bien mal-aiſé à exprimer: Mais y a-t il rien de plus ſimple & de moins marqué
que le ſommeil & la rêverie? & c'eſt en quoi ces deux Statues
ſont, à mon ſens, au deſſus de toute comparaiſon; puiſque le
ſommeil qui eſt une image de la mort, & la rêverie qui eſt une
eſpéce de ſuſpenſion de la vie, y ſont pourtant plus vivement
exprimez que les actions les plus violentes ne le ſont dans toutes les autres Statues.

OUVRAGES DE SCULPTURE

QUI SE VOYENT AU PALAIS FARNESE.

LA FLORE.

Statue Antique.

IL n'y a point de draperie d'aucune Statue, qui ne paroiſſe
groſſiére, quand on a vû celle de la Flore: cependant il eſt
plus difficile qu'on ne penſe de faire des draperies fines
comme celle ci.

Les Modernes y font ordinairement une des deux fautes
ſuivantes; ou leur draperie eſt trop groſſiére & ne laiſſe point
voir le corps; ou, en voulant faire paroître le corps, il ſe trouve
que ce n'eſt plus une draperie, mais les membres mêmes du
corps qu'on voit.

Tout l'art conſiſte donc à faire voir ces membres de telle
ſorte, qu'ils paroiſſent néanmoins toujours couverts; & à les

cou-

couvrir de telle-maniére, qu'on ne laiffe pas de les voir très-bien au travers de la couverture.

C'eft ce que les habiles Sculpteurs de l'Antiquité ont fait admirablement ; & c'eit ce qu'ont bien de la peine à attraper les Modernes, qui en évitant un excès, tombent prefque toujours dans l'autre qui lui eft oppofé: car les uns, pour empêcher que leurs figures ne paroiffent plutôt nuës que légérement habillées, en font la draperie fi épaiffe, qu'on ne voit plus le corps à travers ; & les autres, pour faire mieux paroître le corps, affoibliffent tellement la draperie, qu'il n'y en a plus rien ; de forte que c'eft veritablement le nud qu'on voit.

Il n'y a aucun de ces défauts dans celle de la Flore; elle n'empêche point qu'on ne voye tout le corps de cette femme ; & néanmoins ce corps en eft tout habillé depuis la tête jufqu'aux pieds.

Mais la légèreté de cette Statue n'eft pas moins admirable, que la delicateffe de la draperie ; nos plus fines danfeufes n'en font point tant voir en danfant, que cette Flore en a en marchant ; elle ne tient point à fa bafe, elle n'y pofe qu'un pied leger qui à peine la touche, elle ne fait qu'éfleurer la terre , elle eft emportée fur fa furface avec une légéreté femblable à celle des Zephyrs ; plus on la regarde, moins elle paroît fixe ; il femble qu'elle vole plutôt qu'elle ne marche: & ce qu'il y a de furprenant, c'eft que cette Statue eft beaucoup plus grande que le naturel ; car il n'eft pas mal aifé de donner de la délicateffe à une petite figure ; mais d'en donner à une maffe de marbre auffi pefante que le bloc d'où a été tiré cette Flore, c'eft affurément le chef d'œuvre des plus grands Maîtres de l'Art: cependant il n'y a conftamment nulle Statue au monde, quelque petite qu'elle foit, qui ait la légéreté & le dégagement de celle-ci.

L'HER-

L'HERCULE,

Statue antique,

Par Glicon natif d'Athènes.

CETTE Statue, sans être ni colossale, ni gigantesque, représente Hercule comme l'homme le plus robuste qui ait jamais été; & cela, par les seuls muscles que le Sculpteur a fait paroître dans presque toutes les parties de son corps.

Mais ce qu'il y a de merveilleux, c'est que son dessein ayant été de représenter ce Héros épuisé de fatigues après tous ses travaux, il a sû faire voir, dans une même Statue, un prodige de force & de foiblesse tout ensemble.

La force y paroît surprenante & capable de tout ce que la Fable a fait faire de prodigieux à ce demi-Dieu, car on ne peut voir un corps plus nerveux & plus musculeux; le Statuaire, par la grosseur & le grand nombre de ces muscles, a exprimé cette force prodigieuse; & la situation de ces mêmes muscles qui, quoi que gros & puissans, paroissent néanmoins vuides d'esprits, & sont tous panchez suivant l'impression d'un corps, dont toute la masse fatiguée, porte sur un seul pied, qui en soutient tout le poids avec la Massuë sur laquelle Hercule se laisse tomber en s'appuyant; tellement qu'on ne vit jamais un homme plus fort & plus foible en même tems.

C'est le corps le plus robuste & le plus plein de muscles qui se puisse voir; mais ce sont tout ensemble les muscles les plus relâchez & l'attitude la plus abbatue qu'on se puisse figurer; de sorte que plus on examine cette Statue, plus on doute si le Sculpteur a eû intention d'en faire un symbole de la force, ou une

im-

image de la foiblesse, parce qu'il a voulu exprimer l'une & l'autre en même tems.

C'est la force, mais une force qui est à bout; c'est la foiblesse, mais une foiblesse à travers laquelle on découvre les fondemens de la puissance la plus prodigieuse.

C'est la vigueur même, mais une vigueur mourante qui expire; c'est le dernier accablement, mais un accablement dans lequel on voit les vestiges d'une force infatigable.

Ce font les muscles & les nerfs les plus puissans, mais vuides & épuisez; c'est un abbatement qui va jusqu'à la défaillance, mais dans le corps le plus vigoureux qu'on vit jamais: Enfin c'est une puissance qui n'en peut plus; & un épuisement qui a quelque chose de terrible & qui épouvante encore: car toutes ces idées se reveillent, dans tout esprit attentif, à la vûë de ce chef d'œuvre de Sculpture.

LE TAUREAU,

Groupe antique.

CETTE fameuse piéce est composée de deux femmes, d'un enfant, & d'un Taureau; ces six figures font plus grandes que le naturel, & toutes distantes les unes des autres, quoique tirées du même bloc de marbre.

C'est assurément la chose la plus rare en ce genre, qui soit dans le monde; & il a fallu une montagne entiére pour former un Groupe si immense.

Cependant le moindre morceau de marbre y a été menagé avec tout l'art & toute l'industrie possibles; le Sculpteur en ayant fait ici un chien; là un serpent; d'un côté un panier, de l'autre,

tre,

tre, des fleurs, avec une économie de la matiére qui n'eſt pas moins admirable que le travail & l'ouvrage du Ciſeau.

On admireroit ailleurs les belles & les vives expreſſions de toutes les figures; la force ſurprenante du Taureau qui réſiſte; celle de l'homme qui veut lui faire tourner & baiſſer la tête, pour attacher une corde à ſes cornes; le déſeſpoir de la femme qu'on lie à ce Taureau, & qui voit que ſon corps en proye aux fougues de cet animal impétueux va être démembré & mis en piéces; la beauté du corps dont les charmes enchantent malgré le déſordre où le mettent la réſiſtance de cette femme & les efforts des Boureaux qui l'attachent; car il ſemble que le Sculpteur, pour toucher davantage les ſpectateurs à la vuë du pitoyable état où elle eſt, ait pris ſoin de la faire paroître encore plus belle que malheureuſe: On admireroit, dis-je, toutes ces choſes dans un autre ouvrage; mais, dans celui-ci, la ſingularité du groupe eſt quelque choſe de ſi prodigieux, que toute l'admiration ſe tourne de côté là.

F OU-

OUVRAGES de PEINTURE

Qui se voyent au Petit Farnese.

HISTOIRE DES AVANTURES FA-BULEUSES DE PSYCHE',

Peinte par Raphaël d'Urbin,

Dans la grande Salle de ce Palais.

CETTE Salle est assurément le plus célébre Théatre de la gloire du grand Raphaël d'Urbin, puis qu'il n'y a nul endroit au monde où il ait fait tant de grandes & de magnifiques chofes, dans un pareil efpace.

Le Conseil des Dieux tenu à l'occafion du mariage de Pfyché, & le Banquet fait pour fes Noces, en deux piéces feintes de tapifferie, rempliffent tout le Plafond de cette fpetieufe Salle.

Ce font deux ouvrages de la plus grande compofition, de la plus belle ordonnance qui ayent jamais été faits; & c'eft ici que j'appelle hardiment tous les Connoiffeurs, pour vérifier fi la Renommée n'a pas été fincére quand elle a publié dans toute la terre, par cent bouches différentes, tantôt que nul Peintre n'avoit eû plus d'élevation de génie, plus de fertilité & de richeffe dans fes inventions, plus de grandeur dans fes idées, que Raphael d'Urbin; tantôt que perfonne ne l'a égalé pour la force du jugement dans le choix des fujets, pour la magnificence de

la

la compofition dans les ordonnances, & pour la fageſſe de la
conduite dans la difpofition des figures: ici, que fes attitudes
font les plus nobles & les plus naturelles, fes expreffions les
plus fines & les plus picquantes, & fon pinceau le plus leger &
le plus délicat qui fut jamais; là, que nul Peintre n'a eû un deſ-
fein plus gracieux, plus fuelte, où il y ait plus d'efprit, plus de
caractere, & où la correction de l'Antique foit fi bien jointe à
la vérité & à la naïveté du Naturel: Que toutes fes figures ont
la majefté des plus belles Statues que les Grecs & les Romains
nous ont laiſſées; qu'il ne lui échapoit rien de toutes les chofes
qui pouvoient fervir à l'embelliffement de fes ouvrages; Que,
pour le grand goût, il l'emporte fur tous les autres: Enfin que
pour la grace, ce précieux don de la nature, perfonne n'en a
jamais été autant favorifé que lui, fans en excepter même le Corrége, dont le plus grand mérite eſt pourtant fondé fur ce rare talent. On n'a qu'à venir dans ce Palais, & l'on avouera qu'il n'y
a rien, dans tous ces éloges, que de très équitable.

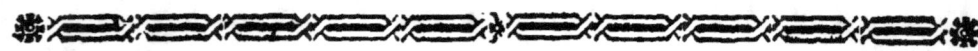

LE CONSEIL DES DIEUX.

CE morceau de frefque eſt compofé de feize ou dixfept figures qui répréfentent tous les Dieux & toutes les Déeffes, dans une affemblée où Cupidon vient demander la
permiffion d'époufer Pfyché; & où Vénus indignée de ce que fon
fils veut s'allier à une mortelle, combat fes raifons & s'oppofe
à fa demande.

Chaque Dieu & chaque Déeffe s'y reconnoît d'abord aux
fymboles dont Raphael les a tous caractérifez: Jupiter, à fon

Fou-

Foudre; Neptune, à son Trident; Pluton, à là Fourche noire qui lui sert de sceptre; Junon, à son Pan; Pallas, à sa Pique & à son Casque; Diane, à son Croissant d'argent; Mars, à ses Armes; Apollon, à sa Lyre; Bachus, à ses Pampres & aux grappes de raisin dont il est couronné; Hercule, à sa peau de Lion; Vulcain, à ses Tenailles; Janus, à ses deux visages; & Mercure, à son Caducée.

Figurez-vous ce qu'on peut concevoir de plus grand, par le fameux Tribunal de l'Aréopage, par le Sénat de la République Romaine, & par les Conseils des plus sages hommes de la terre assemblez en Corps pour décider des plus importantes affaires du monde; Raphael s'est élevé au dessus de tout cela, & son Conseil des Dieux a encore quelque chose de plus grand & de plus auguste; car quelle majesté, que celle de trois vénérables Vieillards, les Dieux fréres, Jupiter, Pluton, & Neptune? C'est ici qu'ils paroissent véritablement les maîtres du Ciel & de la Terre, & les meilleures têtes de l'Univers.

Les Déesses y paroissent avec toute la grandeur de leur caractére; mais Venus les efface toutes; & sa majesté, son air, son action font voir, tout d'un coup, qu'elle est un des principaux personnages de la piéce.

D'autre part, Cupidon, dont les attraits innocens ont d'autant plus de force qu'ils sont purement naturels, se présente aux Dieux avec tant de grace, & les conjure de mettre fin à ses maux d'un air si attendrissant, qu'il paroît impossible qu'ils lui refusent le secours qu'il implore; Ils délibérent néanmoins sur cela, mais d'une maniére différente les uns des autres. Jupiter y pense; & quoi qu'il ne soit pas insensible aux charmes de Vénus, plus touché encore de pitié pour son fils, il paroît tout prêt à lui accorder sa demande, ne pouvant résister aux priéres d'un si aimable enfant.

Nep-

Neptune réfléchit férieufement fur la demande de Cupidon'
& delibére en Dieu plus libre & moins fenfible que Jupiter.

Quant à Pluton, il délibére avec un air tout à fait féroce
qui tient de fon caractére de Dieu des Enfers; il fait, fur cette
Requéte, des reflexions profondes, il regarde la chofe comme
une affaire capitale, & ne paroît nullement fenfible ni aux attraits
de Vénus ni à ceux de l'Amour: Généralement tous les perfonnages de cette nombreufe affemblée penfent, réfléchiffent; médi-
tent; rien ne fauroit être plus animé, plus vivant, plus penfant;
c'eft l'ame, la vie, & la penfée mêmes, peintes & corporifiées par
le moyen des couleurs, ou plutôt par le génie du divin Raphael;
Que dis je? En regardant cet ouvrage de Peinture, il femble
qu'on voye moins des corps parler, agir, fe mouvoir, que des
ames & des efprits penfer, réflechir & délibérer.

LE BANQUET DES NOCES DE PSYSCHE',

& fes autres avantures.

RAPHAEL fuppofant que les Dieux ont accordé à Cupidon
la grace qu'il leur demandoit, & qu'ils ont fait de Pfyché
une Déeffe afin qu'il pût l'époufer avec bienféance, répréfen-
te ici le Feftin qui fut fait en réjoüiffance de ces heureufes Noces.

Il y a au moins trente figures dans cette Piéce, mais toutes dégagées les unes des autres, & toutes fi bien diftribuées,
qu'on voit également bien ce que chacune penfe, ce qu'elle fait,
& à quoi le Peintre la deftine.

La grandeur & majefté des Convives n'empêchent point
que l'agrément & la liberté ne regnent dans le repas; les Dieux
& les Déeffes s'y réjoüiffent, pour ainfi dire, dépouillez de leur

P 3

divi-

divinité, avec le naturel & les sentimens des hommes. Les uns
sont occupez du soin de bien manger; les autres se contentent de
boire; ceux-ci joignent l'amour à la bonne chére; & ceux là font
leur plaisir de s'abandonner aux agréables illusions que les va-
peurs du vin entretiennent dans leur cerveau. Les expressions
de ces divers caractéres sont d'une vérité & d'une force surpre-
nantes.

Les Dieux les plus avancez en âge, en qui le froid de la
vieillesse modére le feu du vin, font paroître plus de réverie
que de gayeté. Les Dieux entre deux âges, que la bonne chére
anime & échaufe, semblent vouloir rappeller leur vigueur & leur
jeunesse. Enfin les jeunes Dieux & les jeunes Déesses tels que
Cupidon & Psyché, en qui les saillies de l'amour se joignent
aux fumées du vin, pleins d'ardeur & de vivacité, s'y voyent dans
des attitudes passionnées & dans des transports tout de feu.

Qui pourroit décrire la légéreté de Vénus qui danse, la
beauté des enfans qui servent, les agrémens avec lesquels les Heures & les Graces répandent les fleurs à pleines mains, & les parfums à pleins vaisseaux, l'enjoüement des Déesses, le badinage
des Amours, la grace des Graces mêmes?

Mais rien ne me paroît plus admirable que la maniere dont
Raphael a exprimé la difference d'état où se trouvent les Convives, & les personnes qui les servent. Ceux qui sont à table,
le visage enluminé, les yeux étincelans quoi que troubles & char-
gez, paroissent à demi étourdis, rêvant sans penser, regardant
sans voir, écoutant sans entendre, & agissant sans vouloir rien
faire; au lieu que les Heures & les Graces qui répandent les fleurs
& les parfums, les Enfants qui servent les mets, & les autres
ministres du Repas, dans une attitude sérieuse & appliquée, ont
l'air froid & tranquille, les yeux calmes & doux, la contenance
com-

posée & attentive; car la diversité de ces expressions fait le plus beau Contraste qu'on ait jamais vû dans aucun ouvrage de Peinture.

La frise de cette Salle, & les angles des croissées sont tout remplis de semblables chef-d'œuvres peints par Raphael & par ses Eléves. On y voit toutes les avantures de Psyché persécutée par Venus, & tous les triomphes de l'Amour sur chacun des Dieux en particulier. Ce sont les plus beaux corps du monde, les carnations les plus vives & les plus fraîches, les attitudes les plus grandes & les plus expressives; tellement qu'en levant la tête vers le plafond de cette merveilleuse Salle, on voit, comme d'un seul coup d'œil, tout ce que le Ciel, au sentiment des Anciens, a jamais renfermé de plus grand & de plus beau.

LA GALATHE'E.

Et les Ouvrages de Raphael, qui se voyent dans la Gallerie du même Palais.

LA Galathée est le corps de femme le mieux fait qu'ait jamais peint Raphael d'Urbin; les contours en sont d'une élegance & d'une douceur charmantes; & l'on peut hardiment le mettre en parallele avec celui de la Vénus de Médicis, qui est le plus parfait qui soit dans le monde.

La grace avec laquelle elle tient les resnes des Dauphins qui tirent son char; son air aisé & naturel, & la légéreté avec laquelle elle est emportée sur les eaux, sont des choses qu'il faut voir & qu'on ne sauroit décrire.

La Neréïde & les Tritons qui sont à sa suite ont ce beau naturel, ces attitudes gracieuses, & cet air de vie auxquels on

recon-

reconnoît toûjours le pinceau du grand Raphael. Mais , à dire la vérité , quoi-qu'il n'y ait pas une de ces figures qui ne soit admirable en elle-même, la Galathée est tellement au dessus, que tous les Demi-Dieux & toutes les Déesses ne paroîtroient, en comparaison de cette Nymphe, que des mortels & des mortelles.

Tous les autres ouvrages qui se voyent au plafond de cette gallerie, ont été peints, sur les desseins de Raphael , par ses meilleurs Eléves ; ce sont autant de chef-d'œuvres, & l'on voit peu de choses aussi belles à Rome même.

Quoi de plus beau, par exemple, & de plus ingénieusement imaginé, que l'Année, qui, sous la figure d'une femme, conduit un char attelé d'un bœuf roux & d'un buffle cendré qui représentent l'un le Soleil, & l'autre la Lune ?

L'action de cette femme qui lâche la bride à ces deux animaux & qui les guide de l'œil, n'est-elle pas d'un naturel & d'un goût merveilleux ? La vie de ce bœuf & de ce buffle n'est-elle pas au dessus de toute expression ?

La Renommée volante au milieu des airs est encore une piéce excellente; jusqu'aux petits Genies feints de stuc sur un fond noir, tout y est divin, il n'y a personne qui ne croye que ce sont des figures de relief, tout le monde y est trompé, particuliérement à ceux qui sont sur la frise qui est du côté du Jardin: Et c'est une chose bien glorieuse pour Raphael d'Urbin, que ses Eléves, travaillant sur ses desseins, ayent fait de pareils ouvrages, qui sont, au jugement de tout le monde, d'une perfection & d'une beauté à laquelle les Peintres médiocres n'ont jamais sû atteindre, & que les plus grands Maitres n'ont jamais passée.

LE

LE CHRIST DESCENDU DE CROIX,

Tableau qui se voit dans l'Eglise de S. François, à Ripe;

Par Annibal Carache.

JE ne crois pas que dans ce Tableau, qui passe pour le plus beau qu'ait fait le Carache, on puisse rien admirer davantage que les traits & les caractéres divins qui paroissent sur le visage du CHRIST; car de répandre l'expression de la divinité sur le visage d'un homme vivant, c'est toujours une chose très difficile & qui n'est donnée qu'aux Génies du premier ordre; mais de faire briller cette image, de la maniére la plus vive, jusques sur le visage effacé d'un homme mort, c'est le dernier effort du plus grand Génie du monde pour la Peinture; & ce chef-d'œuvre est l'ouvrage du grand Carache dans le CHRIST de ce Tableau.

Le corps de ce CHRIST est peut-être le plus beau corps d'homme & le plus parfait qui ait jamais été peint; on y voit un pinceau tendre, fondu, moëlleux, des teintes noyées imperceptiblement, une suavité charmante; jamais homme vivant ne fut si beau que ce CHRIST tout mort qu'il est.

La sainte Vierge & la Magdeleine qui sont aussi peintes dans ce Tableau ont une majesté infinie. La douleur de l'une & de l'autre est également grande, mais ce sont deux sortes de douleurs bien différentes.

Celle de la sainte Vierge est une douleur de Mére, qui abime l'ame, qui étouffe le cœur, qui bouche le passage aux sanglots, & qui tient toutes les humeurs resserrées sans en laisser

G

aller

aller une goutte vers les yeux; c'eſt un ſaiſiſſement qui ôte la parole, un abbatement muet, une douleur intérieure & profonde
qui n'a pas même le ſoulagement des pleurs & des plaintes, douleur qui convient parfaitement bien à la meilleure des Méres ac-
cablée de la mort d'un Fils le plus aimable & le plus chére-
ment aimé qui fût jamais.

La douleur de la Magdeleine eſt auſſi grande, mais elle eſt
d'un caractére bien différent ; c'eſt la douleur d'une Amante éplo-
rée qui éclate par les cris & par les tranſports: La douleur intérieure de la ſainte Vierge paroît par la pâleur & par la ſeichereſſe
de ſon viſage; au lieu que celui de la Magdeleine eſt tout enflam-
mé, & tout baigné de pleurs; c'eſt une douleur égale, mais
plus libre, & qui, aidée des forces de la nature dans une perſonne
plus jeune, ſe ſoulage elle même par les larmes qu'elle fait cou-
ler en abondance.

Enfin il n'y a rien que de grand & de noble dans ce Tableau ; & nul ouvrage de Peinture n'eſt mieux entendu, ſoit
pour l'expreſſion des paſſions, ſoit pour la diſtribution des lumiéres & des ombres.

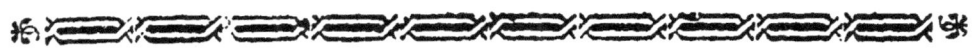

FRESCATI.

FRESCATI eſt l'ancien *Tuſculum* des Latins; ou, du
moins, les Fauxbourgs de *Tuſculum* venoient juſqu'à l'endroit où eſt préſentement Freſcati.

Cet agréable lieu tout ſemé des maiſons de plaiſance des
plus grands Seigneur Romains, eſt à mi-côte d'une delicieuſe
montagne formée d'un amas de collines où l'on monte inſenſi-
blement de l'une ſur l'autre, C'eſt où ſe termine, de ce côté-là,

la

la campagne de Rome, qui fait paroître Frefcati encore plus beau qu'il n'eſt; car cette campagne eſt tout à fait inculte, feiche, noire & aride; tellement qu'après l'avoir peſſée, lors qu'on rencontre des arbres & des eaux, de la fraicheur & de l'ombrage, on en trouve Frefcati de la moitié plus charmant.

Là, on a devant foy toute la campagne de Rome, qui eſt véritablement aſſez vilaine, mais au bout de laquelle on voit Rome, comme de Meudon on voit Paris; &, fur la gauche, on découvre la Mer Méditerranée qui eſt ordinairement couverte de Barques. Voilà quelles font les beautez générales de Frefcati; venons maintenant aux particuliéres.

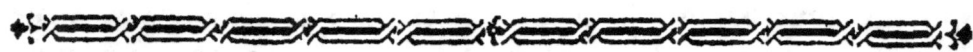

LA GERBE D'EAU,

communément appellée, la Girandole,

ET

LE CABINET D'APOLLON ET DES MUSES,

Qui fe voyent à la Vigne nommée Belvedére.

LA plus belle chofe qu'on voye à Belvedére, pour les eaux eſt la Gerbe dont l'eau fort de fon tuyau avec tant de violence, que changée en écume & briſée en des millions de gouttes, elle retombe toute femblable à de la grêle; & les vents pratiquez par le moyen des tuyaux fouterrains fortant avec l'eau de la Gerbe, font un bruit qui imite fi parfaitement, celui du tonnere, qu'il femble que véritablement il tonne & il grêle en

même

même temps, & qu'un orage réel faffe crever les nuées en cet endroit.

La Grotte où tout cela fe paffe fe nomme L'ENCELADE, parce qu'on y voit un Encélade qui porte le monde fur fes épaules.

A quelques pas de cette Grotte, on voit le Cabinet d'Apollon & des neuf Mufes, où il y a une Orgue que l'eau & des vents artificiels font joüer. Les vents font réfonner les tuyaux; & l'eau faifant tourner des roües dont les crans font baiffer les touches du Clavier, on entend deux piéces d'Orgue des plus belles du monde, exécutées de mefure, avec tous leurs accords, dans toute la propreté & avec tous les agrémens que leur pourroient donner les plus habiles Maîtres.

LA GERBE D'EAU, ou GIRANDOLE,

Qui fe voit à la Vigne du Duc de Gadagnole.

CETTE Girandole d'eau imite parfaitement les Girandoles de feu, qu'on voit, aux jours de réjoüiffance, en Italie; car, en même tems que l'eau jailliffante forme en s'élevant une Gerbe entiérement femblable à celles que font les fufées des Girandoles, les vents artificiels qui fortent par le même tuyau que l'eau, font un bruit tout pareil à celui des fufées; tellement qu'on croit auffi véritablement entendre le bruit des fufées lors qu'on voit joüer cette Girandole, qu'on croit entendre celui du tonnerre à celle de Belvedére.

LE

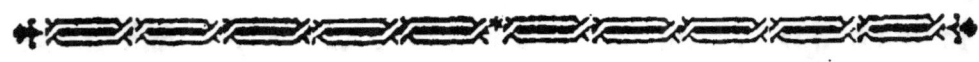

LE SAINT JEROME,

Tableau qui fe voit dans l'Eglife de faint Jérôme de la Charité, près le Palais Farnéfe;

Par le Dominiquin.

CE Tableau eft haut de dixfept palmes, large de onze, & & les figures en font grandes comme nature.

Jamais aucun mortel ne parut revêtu de caractéres plus refpectables que ceux que le Dominiquin a donné à ce Jérôme. C'eft un Vieillard à qui le nombre des années ne laiffe plus qu'un fouffle de vie; un pauvre tout nud, & réduit dans une Grotte où il eft dépoüillé de toutes chofes; mais le Peintre lui a donné tant de dignité, qu'il n'y a forte de refpect qu'il n'infpire, par l'air grand & venérable qu'il conferve jufques dans les ruines d'un corps tout caffé de vieilleffe, & autant exténué par les aufteritez, que par la maladie.

Une fage Matrône profternée à côté de lui, prend humblement un de fes bras pour baifer fa main avec refpect; cette feule action éléve l'état de ce faint Prêtre, tout pauvre qu'il eft, au deffus de toute la magnificence humaine; & fait voir qu'il ne perd rien de fa grandeur, ni de la vénération qu'on lui doit même par la plus extrême pauvreté à laquelle on le voit réduit.

Enfin l'on peut affurer que le Dominiquin a élevé fes penfées jufqu'au fublime dans cet ouvrage; & que ce Tableau ne le céde à aucun de ceux du grand Raphaël d'Urbin, ni pour l'expreffion du fujet en général, ni pour celle des figures en

G 3

par-

particulier, ni pour le goût & la correction du deffein, ni pour la fimplicité & la variété des airs de tête; ni même, je le dirai hardiment, pour la nobleffe & pour la grace.

***

LES TROIS ENFANS, ou LES SAISONS.

Groupe antique qui fe voit au Palais Juftiniani.

CEs trois Enfans font tirez d'un même bloc de marbre, mais d'un marbre fi blanc, qu'on le prendroit pour de l'albâtre, s'il n'avoit un poli admirable que le plus bel albâtre ne fauroit recevoir.

Ils font couchez dans un baffin de marbre noir, ce qui fait encore d'autant plus éclater leur blancheur.

Ils font tous trois nuds; & le Sculpteur, par l'attitude différente qu'il leur a donnée, a eu deffein de repréfenter les trois tems différents des diverfes Saifons de l'Année.

L'un eft couché & étendu fur le dos, bras & jambes tout ouvertes, comme peuvent être les enfans lors qu'ils meurent de chaud : il repréfente l'Eté.

Un autre tout ramaffé, ayant la tête & les genoux dans l'eftomac, & fe fourant tant qu'il peut fous les autres pour s'échauffer, repréfente l'Hiver.

Le troifiéme enfin qui repréfente l'Automne & le Printemps, a les membres moins développés que le premier, mais aufli moins ramaffez que le fecond, n'ayant ni chaud ni froid, à ce qui paroît, & tenant le milieu entre les deux Saifons extrêmes.

Ces

Ces trois petits corps femblent s'enfoncer l'un dans l'autre comme s'ils étoient véritablement de chair ; il n'y a pas dans tout Rome, un plus joli groupe, d'une invention plus ingénieufe, ni d'un travail plus fini.

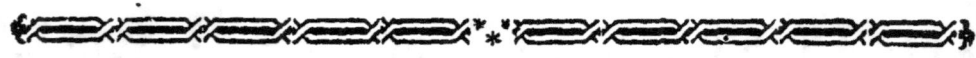

JESUS - CHRIST DEVANT PILATE,

Tableau qui fe voit dans le même Palais ;

Par Titien Vecélli, communément appellé le Titien, né dans le Cadorin, petite Province du Frioul en Italie.

JESUS-CHRIST, dans ce Tableau, eft repréfenté devant Pilate, comme un accufé devant fon Juge. Pilate l'interroge ; &, pour l'attitude d'un homme qui queftionne, rien ne fauroit être plus vivement exprimé.

Quant à JESUS-CHRIST, le Titien lui a véritablement donné l'air d'un prifonnier, mais c'eft l'air d'un prifonnier qui ne fe fent coupable de rien : Il a bien la modeftie d'un fuppliant devant fon Juge ; mais il a, en même temps, la contenance d'un homme qui n'a rien à craindre de la plus févére juftice. Il eft lié & garrotté comme un criminel & un coupable ; &, avec tout cela, il imprime du refpect à fon juge même, parce qu'on découvre, en toute fa perfonne, les caractéres non feulement du plus jufte & du plus innocent de tous les hommes, mais encore de l'auteur même de l'innocence & de la juftice.

Au refte, le coloris de ce Tableau eft d'un goût fi excellent, que le Titien, qui femble avoir été produit par la Nature

pour

pour faire voir jufqu'où cette partie de la Peinture pouvoit être portée, n'en a plus fait éclater la force & la beauté dans aucun de fes ouvrages, que dans celui ci.

Les carnations y font fraîches, vigoureufes & fanguines, mais d'un fang pur, accompagné de cette force & de cet embonpoint qui les rendent fi naturelles.

On y voit, en quelques endroits, cet éclat & cette vivacité de couleurs dont le choix eft fi fier & fi net : &, en d'autres, cette diminution de teintes que caufe l'interpofition de l'air ; & ce judicieux affoibliffement de lumiéres & d'ombres, feul capable de produire les divers degrez d'éloignement qui font fuir ou avancer toutes les parties d'un Tableau, qui améne vers nous ce qui doit venir fur le devant, qui chaffe ce qui tourne & qui doit refter fur le derriére, qui arondit fi bien les corps; & qui fait que leurs contours & leurs extrémitez fe perdent, comme par un détour fi infenfible, qu'il femble qu'on aille voir, dans ces figures fi bien détachées de leur fond, même ce qui en eft caché*, & que l'œil aille tourner tout autour d'elles ; en un mot on voit les plus charmans effets de cette merveilleufe entente de la Perfpective aërienne, qu'il poffédoit auffibien que la Perfpective linéale.

On y voit ce Conftrafte agréable au milieu duquel il a fi judicieufement confervé l'union & l'accord des couleurs.

Celles qu'on appelle locales y font recherchées avec une fçavante fidélité; mais de ces recherches fondües & prefqu'imperceptibles, qui ne peuvent partir que d'un pinceau, comme le fien, libre, prompt & leger.

Les oppofitions y font fiéres & fuaves tout enfemble ;
&

---

* Sic enim definere debet extremitas, ut promittat alia poft fe, oftendafque etiam quæ occultat. Plin. l. 35. c. 10.

& les touches fi fpirituelles, fi precieufes, & avec cela, fi con-
formes au caractére des objets que la douce harmonie & le charmant concert qui en réfulte, force tous les Connoiffeurs à
avoüer que perfonne n'a approfondi, avec plus de fuccès, l'ef-
fence de la Peinture, & n'a mieux pénétré les myftéres de fon
art, que lui.

LE SATYRE,

Statue antique,

Qui fe voit à la Vigne Ludovifie.

JAMAIS Satyre vivant, s'il eft vrai qu'il y en ait eû, n'a
été plus Satyre que celui ci ; c'eft la plus belle expreffion
& la plus vive qui foit jamais tombée dans l'efprit hu-
ain : Les yeux, l'imagination, l'ame, tout eft faifi à la vuë de
cette Statue ; & il y a un efprit & une vie, dans cet ouvrage,
qui femblent aller audelà de la nature même, tant il eft animé.

Tout ce qui peut fe connoître, par la phyfionomie, des
rufes d'un vieux Renard, de la malice d'un vieux Singe, de la
pétulance d'un Satyre, tout cela eft vivement exprimé dans l'air
de celui-ci ; ferme fur fes jambes quoi que menuës, il fe préfente avec une preftance affurée ; bravant, avec la moitié de fon
corps de bouc, les hommes mêmes, aufquels ils femble infulter
avec fon air plein d'une impudence gaye, & d'une effronterie
contente : vous diriez qu'il fort de fa Grotte pour attraper
quelque Nymphe au paffage : & que feur des piéges qu'il fait
leur tendre, il n'en manque pas une.

H

Pour

Pour moi, je fuis perfuadé que les Anciens ont vû des Satyres réels fur lefquels ils ont fait ces belles images qu'ils nous en ont laiffées ; il n'eft nullement furprenant que la brutalité des hommes ait enfanté ces fortes de monftres dans le Paganifme : D'ailleurs d'où leur feroit venu le deffein de faire un animal moitié homme, moitié chévre ? Une pareille idée peut-elle jamais venir dans l'imagination, fi on n'a rien vû de femblable dans la nature ? Cependant, on voit une infinité de ces Satyres faits par les Anciens.

LA SAINTE VIERGE,

Tableau qui fe voit à un des Autels de Sainte Marie Majeure.

Par le Guide.

CE Tableau n'eft qu'une copie de celui qu'a fait le Guide. On ne fait pas trop bien ce qu'eft devenu l'original : quoi qu'il en foit ; à en juger par cette copie, on peut dire que c'eft moins l'Image de la Vierge, qu'une expreffion de la délicateffe du Peintre qui l'a fait.

Les mains de la Sainte Vierge font les plus belles que le Guide ait jamais faites ; & la manière dont il lui fait tenir le linge dans lequel l'Enfant Jesus dort, met la beauté de ces mains dans tout fon jour.

Au refte, de quelque prix que foit l'augufte dépôt que contient ce linge, l'air délicat dont la Vierge le foutient, femble

ble le rendre encore d'un plus haut prix; & l'on ne peut tenir la chose du monde la plus précieuse d'une maniére qui en fasse mieux sentir le précieux.

Enfin l'on ne sauroit trop admirer, ici, le talent merveilleux qu'avoit cet excellent Peintre pour je ne sai quelles tendresses dans les extrémitez où il dessinoit certaines parties dont la délicatesse semble avoir échapé au pinceau des autres.

L'ASSOMPTION DE LA SAINTE VIERGE,

Tableau qui se voit au Plafond de l'Eglise de Sainte Marie *in Trastevere*.

Par le Dominiquin.

CE Tableau est une de ces Peintures charmantes qui plaisent, dès le premier moment qu'on les regarde, autant par le Coloris, que par le Dessein.

La Sainte Vierge, les yeux tournez & les bras étendus vers le Ciel, avec une action pleine de feu & d'ardeur, y semble plutôt monter par la force de ses desirs, que par le secours des Anges qui l'y élévent.

Toute son ame paroît être réünie dans ses yeux; & le regard qu'elle porte vers les Cieux semble détacher cette ame de son corps, & la transporter dans le sein de Dieu.

Je ne sai quelles traces d'une splendeur divine répanduës sur son visage & dans toute sa personne, font paroître son

corps

corps déja tout célefte; glorieux: & immortel; &, quoi qu'à voir la vitefle du mouvement avec lequel ce corps eft enlevé, on diroit qu'il n'a plus rien de fa pefanteur naturelle; il femble néanmoins que fon ame impatiente d'atteindre au terme de fa gloire, s'efforce de devancer le corps par des élancemens encore plus rapides que quelque mouvement corporel que ce foit.

Les petits Anges qui font fous les pieds de la Sainte Vierge font d'une beauté charmante; ce font véritablement des Anges, & la nature humaine n'a jamais rien produit de fi beau.

Au refte, toutes les couleurs de ce Tableau font aufli vives & aufli fraîches, que s'il venoit d'être fait; & il me femble qu'on y entrevoit je ne fai quelle vigueur harmonicule qui paroît être à l'épreuve de toutes les alterations que le tems a coutume d'apporter à ces fortes d'ouvrages.

FAU:-

FAUSTINE LA JEUNE.

Statue Antique,

qui se voit à la Vigne Mathéi.

LA RELIGION,

Statue qui se voit au Tombeau de Paul III. dans l'Eglise de St. Pierre au Vatican,

Par Guillaume de la Porte *, Lombard,

PARALLELE DE CES DEUX STATUES.

LA Statue de Faustine la jeune, femme de l'Empereu Marc-Aurele le Philosophe, est, au jugement de tous les Connoisseurs, une des plus excellentes Antiques qui soient à Rome.

Faustine y est représentée comme une des plus belles femmes qui ayent jamais été au monde; elle est grande, sans être hommassé; d'une taille très fine, sans être maigre, & a de l'embonpoint, sans être grossiére.

Imaginez vous le corps le mieux formé qui fût jamais, enveloppé seulement d'une écharpe de femme par dessus un habillement de quelque étoffe de soye, sans chemise; car les extrémitez du voile qui couvre Faustine depuis la tête jusqu'au milieu du

H 3 corps

* Il étoit Fleve de Michel-Ange Buonarotti; Il fit cette Statue suivant le dessein que lui en donna Annibal Caro, Poëte fameux.

corps, tombent fur fes bras par-devant comme les bouts des écharpes des Dames Françoifes; cet efpéce de voile, excepté qu'il couvre la tête, a la même tournûre & le même air, que ces écharpes: Et le refte du corps eft mollement enveloppé d'un habillement long & majeftueux qui l'entoure d'une maniére noble & naturelle.

Figurez-vous enfin le plus beau corps du monde, affez habillé pour ne pas choquer la pudeur; & vêtu d'une étoffe affez déliée, pour en laiffer voir toute la beauté; une draperie qui couvre depuis le haut de la tête jufqu'au bout des pieds, & en même tems fi mince qu'on voit toute la beauté du corps à travers; en forte que cette femme a, tout enfemble, les graces de la modeftie, & le charme de la nudité.

On ne fauroit fe laffer d'admirer le caractére de beauté que le Sculpteur a répandu dans fon air & dans toute fa perfonne; ce font des charmes modeftes, flateurs, & en quelque façon timides; plus tendres que brillants; doux, & néanmoins forts; vifs, fans être éblouïffans; pénétrans, fans avoir rien que d'humain.

La Statue qui repréfente la Religion au Tombeau de Paul III, eft une beauté toute oppofée à celle-ci. Pour moi, je ne crois pas qu'il foit, ni qu'il y ait jamais eû fur la terre, une femme auffi belle qu'eft cette Statue: C'eft une beauté telle que l'imagination qui a la liberté de fe former des phantômes à plaifir, peut s'en faire une en fe joüant; ou plutôt telle qu'un bel Efprit peut fe la figurer, lors qu'élevant fes idées au deffus de la nature toujours défectueufe; il s'enchante lui-même en fe repréfentant, fous de charmantes images, les chofes auffi parfaites qu'elles le pouroient être, & moins comme elles font, que comme il fou-

hait-

haitteroit qu'elles fuffent: quoi qu'il en foit, cette beauté eft d'un
caracté e tout différent de la Fauftine.

C'eft une femme jeune, vive, brillante, & d'une très-
grand éclat, qui éblouit, & qui ravit; au lieu que la Fauftine
n'a, pour attraits, que la douceur, la tendreffe, & la modeftie.

La Religion emporte le cœur fans le laiffer deliberer, fa
beauté impérieufe l'enlevant rapidement par des charmes tout-
puiffans à qui rien ne peut refifter. La Fauftine, au-contraire,
laiffe fentir le plaifir qu'on goûte à la voir, les yeux ont la liberté de réfléchir fur tous les charmes dont ils font occupez; fur
toutes les graces qui les enchanteut; & cette beauté, par des
agrémens plus rempérez, mais dont il eft auffi impoffible de fe
deffendre, pénétre plus l'ame, & lie davantage le cœur. En un
mot, il femble que fi on eft plutôt emporté par l'autre, on fe
donne plus volontiers à celle-ci; que fi la première enléve le
cœur, il fe livre lui-même à la feconde; & que fi on admire plus
la Religion, on aime davantage la Fauftine.

LA NIOBE' ET SES ENFANS,

Ouvrage Antique qui se voit à la vigne Medicis.

Par Praxitele* Sculpteur Grec.

ON ne trouvera, ni à Rome, ni en Italie. ni en aucun lieu du monde, un si grand amas d'excellentes Statues, dans un aussi petit espace qu'est celui ci.

Chacun sait la Fable de Niobé, sa vanité, & sa punition; on en a lû la description dans Ovide; mais nulle description n'en formera jamais, dans l'esprit, une idée pareille à celle qu'en donne la vuë de ces précieux Monumens de l'ancienne Sculpture.

Ce sont quinze figures ensemble, qui représentent Niobé & tous ses Enfans; on en voit quelques-uns percez par les flèches vangeresses d'Apollon, d'autres déja tuez & étendus par terre; ceux-ci se baissant pour éviter les coups, ceux là croyant les parer par la posture où ils se mettent; l'un fûyant, l'autre blessé, celui-ci mourant, celui-là déja sans vie: Et tout cela, avec des actions si vives, & dans des attitudes si naturelles, qu'en se trouvant au milieu de toutes ces figures, dont l'une prend l'épouvante, l'autre la fuite, il ne semble plus que ce soient des Statues, mais des personnes véritables, tellement qu'on ne peut s'empêcher de prendre part à leurs sentimens, d'être saisi de leur épouvante, allarmé de leurs allarmes & agité de leurs divers mouvemens.
C'est

*Du tems de Pline, la plûpart des Connaisseur attribuoient cet ouvrage à cet excellent Sculpteur. *Plin. l. 36. 6. 5.*

Ovide metam. 6.

C'est une chose admirable que la situation de tant de personnes fuyantes, effrayées, mortes, ou mourantes, qui dans
des actions & dans des états si différents, font néanmoins si
bien placées, qu'elles ne s'embarrassent point l'une l'autre; &
qu'on les peut envisager également bien, séparément, ou toutes ensemble formant un Groupe de figures si judicieusement
disposées, que, d'un seul coup d'œil, on voit toute cette hi-
stoire comme si elle se passoit en nôtre présence.

Sans entrer dans le détail de ce grand ouvrage, qui iroit
à l'infini, on peut dire en général que le Sculpteur y a excellemment bien exprimé la vie, la mort, & l'agonie, dans les divers personnages qui le composent, dont les uns font expirans,
les autres morts, les autres non encore frappez des flèches
mortelles; la frayeur dans ceux qui font épouvantez; le mouvement dans ceux qui courent; l'immobilité dans la Niobé
changée en Rocher.

Rien n'est plus leger que ceux qui fuyent; & rien n'est
plus souple que ceux qui se contournent.

La taille fine des filles de Niobé, leur air dégagé, &
leur posture en action de fuïr, les fait paroître comme en l'air;
& voler plutôt que courir, aux yeux de ceux qui les regardent.

On en voit qui sentant le danger, veulent prendre une
fuite précipitée, mais qu'une frayeur glaçante arrête & empêche de courir aussi vite que le péril le demande.

Mais enfin tous les regards s'attachent sur la Niobé pétrifiée, & cette excellente pièce emporte toute l'admiration;
aussi est ce un ouvrage au dessus de tout ce qu'on en peut dire,
& le sujet du monde le plus difficile, pour l'expression: Car,
si on admire qu'un Statuaire donne de la vie & du mouvem.nt
à une pierre dont il fait une personne, qui par conséquent

I   doit

doit être une figure mouvante & animée, je trouve qu'il est bien plus admirable & bien plus difficile de faire, d'une pierre, une figure qui paroisse, tout ensemble. une personne véritable & une personne pétrifiée.

C'est-là assurément le chef-d'œuvre de la Sculpture : qu'on y pense bien ; il est beaucoup plus aisé de faire paroître une pierre, un homme, qui paroisse tout à la fois, & un homme véritable & une pierre véritable: ce qu'il faut cependant faire pour représenter une personne pétrifiée comme est la Niobé ; car il a fallu que le Sculpteur ait tellement changé la pierre qu'il travailloit, qu'elle semblât être devenuë une femme ; qu'ensuite il ait tellement changé cette femme, qu'elle semblât être redevenuë une pierre ; & qu'enfin elle parût être, tout ensemble, & une pierre & une femme, comme elle le paroît.

Au reste, cette Statue est beaucoup plus grande que les autres, sur lesquelles elle a même un air dominant, elle est placée sur l'endroit du terrain le plus élevé ; toutes les autres figures semblent être faites pour celle-ci, & se réünir à elle comme à la principale: Aussi a-t elle un air si grand, si noble, & si plein de majesté, jusques dans sa douleur & dans son désespoir ; que Latône & toute autre Déesse, sans en excepter même Junon, semblent le devoir céder à une pareille mortelle.

Enfin rien n'est plus admirable que toutes ces excellentes Statues, ou considérées séparément en elles-mêmes, ou par le rapport qu'elles ont les unes aux autres, ou par celui qu'elles ont toutes en général avec la Niobé.

Quel amas de beautez & de chef-d'œuvres dans un espace de vingt ou trente pieds ! Il y auroit là de quoi parer tout un grand Royaume ; cependant, ce n'est que l'ornement d'un coin d'un jardin de Rome.

EPI-

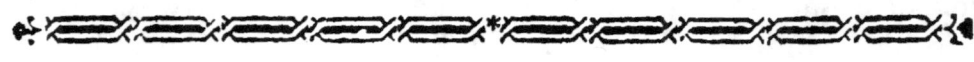

EPITAPHE,

Qui fe voit dans l'Eglife de la Minerve.

Par le Cavalier Bernin.

CETTE Epitaphe eft un caprice ingénieux, où, comme dans tous les autres ouvages du Bernin, on voit de l'élégance, de la nobleffe, & je ne fai quoi de fingulier & de nouveau, qui part d'un génie qui invente tout ce qu'il fait, & qui ne copie rien d'après perfonne comme font la plûpart des autres Sculpteurs; car cette Epitaphe attachée à un des Piliers de la Minerve eft de ce caractére.

C'eft une grande piéce de marbre noir, dont il a fait une Nape étenduë & volante, ou plutôt un grand Tapis bouillonné & noüé par en haut, lequel, en tombant, forme quantité de plis négligez, & d'une grandeur qui lui donne une majefté infinie. L'infcription eft gravée en caractéres d'or fur ce marbre noir: jamais on n'inventa rien de plus noble pour une fimple Epitaphe: Jufques dans les caprices & les jeux des grands hommes on trouve plus de goût & de génie, que dans les ouvrages les plus méditez des autres!

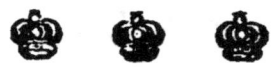

LA FONTAINE DE MONTORIO.

Par le Cavalier Fontana, & par Charles Maderne.

QUAND on voit cette fuperbe Fontaine, on héſite à laquelle des deux on ajugera le prix de la magnificence; ou à celle de la Place Navône dont nous allons donner la defcription, ou à celle-ci.

C'eſt une Riviere entiére qui fort par cinq bouches pratiquées dans une efpéce de Portail, ou d'Arc de Triomphe; & cette Riviére étant ainfi partagée, il femble que c'en foient trois accompagnées de deux Torrens.

Cet Arc a cinq Portes ornées des plus belles Colonnes de granite Oriental qui fe puiffent voir, & eſt beaucoup plus haut, plus large, & plus grand que tous les Arcs de Triomphe qu'on ait jamais faits.

Les Torrens d'eau, par leur mouvement continuel & par le bruit de leur chutte, femblent animer ce magnifique morceau d'Architecture; nul ouvrage de cette étendue, Ancien ou Moderne, n'a plus de majefté & de grandeur; &, pour la fituation, il n'y en peut avoir au monde de plus favorable, étant élevé fur *Montorio*, le Janicule des Anciens Romains, lequel femble dominer tout Rome de ce côté-là; de forte que, de tous les endroits d'au-de là du Tybre on voit ce fuperbe ouvrage étalé comme en fpectacle à tous les yeux.

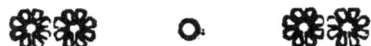

LA

✳✳✳✳✳✳✳✳✳✳✳✳✳✳✳✳✳✳✳✳✳✳✳

LA FONTAINE DE LA PLACE NAVONE.

Par le Cavalier Bernin.

C'EST ici un de ces ouvrages modernes qui peuvent être mis en parallele avec ce que les Anciens Romains ont fait de plus beau pour l'ornement de l'ancienneRome; & l'on pourroit même douter qu'ils euffent jamais rien fait de fi beau pour un pareil fujet.

Le génie, le bon goût, la grandeur, tout eft ramaffé dans cet ouvrage; & jamais, pour une Fontaine, on ne forma un deffein fi grand & fi majeftueux.

Quatre Coloffes de marbre y repréfentent les quatre plus grands fleuves du monde, le Gange, l'Euphrate, le Nil, & le Danube; ces quatre figures font d'un deffein admirable, formées, avec un art tout fingulier, pour figurer fymboliquement ces fleuves; le Nil fur-tout, qu'on reconnoit à fes Crocodiles, eft encore plus ingenieufement caractérifé par fa Tête enveloppée & à moitié cachée, ce qui figure admirablement ce fleuve dont la Source n'eft pas trop bien connuë.

Les quatre Coloffes font couchez & etendus fur les quatre coins d'un grand Rocher de marbre fi ruftique, qu'il femble que ce foit une véritable Roche.

De deffous ces fleuves il fort, par des fentes faites exprés, des Napes d'eau très vaftes, mais d'une maniére irréguliére quoi que la plus agréable qu'on puiffe voir; ce qui fait paroître le Rocher encore plus naturel, auffi bien que l'eau qui en fort comme

I 3

par

par des Crevaſſes qu'il ſemble qu'elle ait faites elle-même dans le Roc, pour s'y ouvrir un paſſage : Ces Napes d'eau ſont ſi larges, qu'une ſeule ſuffiroit pour faire une très groſſe Fontaine ; cependant il y en a quatre toutes également abondantes.

Le Rocher eſt percé de part en part de deux côtez & voûté, formant ainſi une Caverne, dont le fond ſe remplit de l'eau des quatre Fontaines qui ſont deſſus.

Un Lion de marbre y boit d'un côté, & un Cheval Marin fort de l'autre ; & ces deux figures ſont deux chef-d'œuvres dans leur genre, auſſi-bien que les quatre Statues coloſſales.

Le Cheval Marin ſemble ſe ſecoüer en ſortant de l'eau, aller avancer hors de la Caverne, & s'élancer dans la Place, tant il a de légéreté & de feu !

Le Lion paroit échauffé du carnage ; avide & altéré, il croit qu'il ne trouvera jamais aſſez d'eau pour étancher ſa ſoif ; il élargit ſes pates ; il étend ſa poitrine, comme pour donner plus de volume à ſes poumons qui ſemblent aller épuiſer le réſervoir, & mettre la Caverne à ſec.

Les Anciens n'employoient qu'une ſeule ſtatue pour repréſenter un grand fleuve ; ici, quatre Coloſſes ſervent à la décoration d'une ſeule Fontaine ; quelle magnificence & quelle grandeur ?

L'attitude des Dieux des Fleuves étoit uniforme chez les Anciens ; c'étoit toujours un Vieillard à longue barbe, appuyé ſur une Urne, le corps couché & étendu ; ici, tout eſt varié, & les quatre Statues ont des attitudes toutes différentes les unes des autres.

Enfin tout cet ouvrage eſt comme couronné par un Obéliſque qui étant élevé ſur la cime du Rocher qui ſert de baſe à un pied-d'eſtal fort haut, le fait paroitre comme un des plus grands

Obé-

Obélifques de Rome ; tellement que le Bernin déploye plus de magnificence dans ce feul morceau d'Architecture, que la plupart des autres Architectes n'en ont fû faire paroitre dans les ouvrages les plus vaftes & les plus étendus.

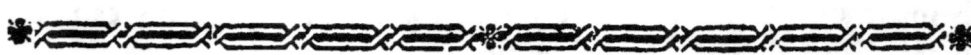

LES JOUEURS,

Tableau qui fe voit au Palais Barberin.

Par Michel-Ange Merigi, communément appellé le Caravage, né à Caravage, Bourg dans le Milanois.

IL n'y a que trois figures dans ce Tableau ; favoir deux Filous, & un jeune home fort fimple dont ils attrapent l'argent.

La fimplicité fotte & la Niaiferie ne fauroient jamais être mieux repréfentées quelles le font dans la phyfionomie du jeune homme qui fe iaiffe duper.

La rufe & la fripponnerie ne peuvent être mieux peintes, qu'elles le font dans celle du Joueur qui filoute.

Il y a un fecond filou qui ne joüant point, eft d'intelligence avec celui qui joüe ; il eft entre les deux Joüeurs ; & regardant les cartes du jeune homme dupé, il marque, par fes doigts, les points de fon jeu, à l'autre ; ce fecond filou eft beaucoup plus âgé que celui qui joüe ; & a, dans fes rides, certains airs d'un tourbe encore plus rufe que l'autre, d'un frippon plus confommé, d'un fcélérat qui a vieilli dans le métier ; c'eft un paffe-fin, un chef de filous, un Maître Voleur en comparaifon de l'au-tre, tout aigre fin qu'il paroiffe, qui n'eft qu'un apprenti frippon.

En

En un mot, toutes les expreſſions de ce Tableau ſont ſi naturelles & ſi parfaites, qu'on comprend, tout d'un coup, le génie, le caractére, & les actions des perſonnes qui le compoſent; & qu'un enfant même, ſans qu'on lui dît rien du ſujet, verroit bien que c'eſt un ſot que deux filous attrapent.

Enfin, on trouve dans cet Ouvrage, comme dans tous les autres du Caravage, cette maniére également douce & forte qu'il s'eſt faite lui même, ſans avoir rien emprunté des autres Peintres; car il joint par-tout, merveilleuſement, une force terrible à une agréable ſuavité; c'eſt le pinceau le plus ferme & en même tems le plus moëlleux qui fût jamais.

Ses couleurs locales ſont très recherchées; ſes lumiéres & ſes ombres diſtribuées, avec toute l'intelligence poſſible, ſur chacun des objets, & ſur les Maſſes entiéres; ſes diſpoſitions excellemment bien contraſtées & liées de groupes; ſes Compoſitions judicieuſement ordonnées, & dans toutes les bienſéances qui leur conviennent; ſa maniére d'un grand effet, ſon travail fini avec une extrême exactitude; & pour ce qui eſt du Clair obſcur, il en a pouſſé ſi loin la ſcience & la pratique, que Rubens même, qui, au jugement de bien des gens, l'a emporté ſur tous les autres Peintres par ſa capacité dans cette partie, reconnoît qu'en cela le Caravage eſt ſon Maître : auſſi rien n'eſt il plus agréable que les gracieux repos qui ſe trouvent, par là, dans ſes ouvrages.

D'ailleurs, ſans trop agiter ni tourmenter ſes Teintes, ſans les corrompre ni les détruire comme ont fait tant d'autres, par le mouvement d'une main peſante, il a ſû les lier, les noyer tendrement, les fondre & les incorporer les unes dans les autres; & donner, par ce moyen, une ſi prodigieuſe vérité aux objets, qu'il les a, pour ainſi dire, rendus palpables, & que tout le mon-

monde eſt forcé d'avoüer que la nature ne ſauroit être mieux co-
piée, qu'elle l'eſt dans tout ce qu'il a peint.

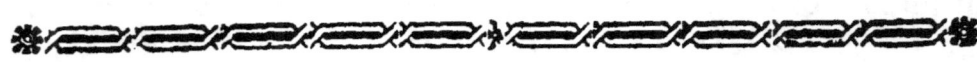

TÊTE DE S. PIERRE.

Tableau qui ſe voit au Palais Pamphile.

Par *Annibal Carache.*

IL eſt impoſſible de voir une expreſſion plus vive & plus parfaite de la Contrition, que celle que le Carache a donnée
à ce ſaint Pierre qui pleure ſon péché.

C'eſt le repentir le plus amer, & le ſerrement de cœur le
plus douloureux du monde.

L'ame de cet Apôtre toute pénétrée d'amertume, paroît ſur
ſon viſage contrit, & abimé encore plus de la douleur qui y eſt
peinte, que des larmes qui le noyent.

Ces larmes ſont ſi vraies & ſi naturelles, qu'on ne pourroit faire davantage avec de l'eau, quand on y en mettroit de
toute fraiche; elle ne ſeroit point différente ni pour la liquidi-
té, ni pour la tranſparence; jamais on n'a vû un viſage ni des
yeux mieux mouillez par des larmes réelles & effectives; & chacun eſt tenté d'y porter les doigts, pour voir ſi l'œil ſe trompe.

K

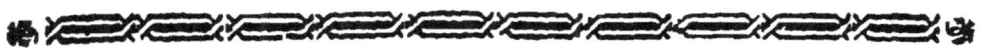

LE CRUCIFIMENT DE S. PIERRE,

Tableau qui fe voit à S. Paul des trois Fontaines, hors de Rome.

Par le Guide.

Soit la force des ombres, foit le tems qui ait noirci le fond de ce Tableau, il n'y en a aucun à Rome, où les figures ayent tant de relief, que dans celui-ci ; tellement qu'en le regardant, on croit voir des bourreaux effectifs qui tiennent, attachent, & crucifient faint Pierre, fans qu'il ait ni peinture ni tableau, parce que la toile ne paroiffant point, tant elle eft noire, il femble qu'il n'y ait que les corps que l'on voit avec toute leur rondeur & tout leur relief.

Un des Bourreaux fe tient au haut de la Croix renverfée, ayant un marteau & un grand cloud tout prêt pour attacher les pieds de l'Apôtre, lorfqu'un autre bourreau, qui les fait monter avec une corde, les aura élevez affez haut ; & le troifiéme bourreau foutient la tête & les épaules, pour faciliter l'élévement & aider celui qui tire la corde.

Il femble que le fang quitte, à vuë d'œil, les pieds & les jambes, pour tomber tout dans la tête qui eft en bas, & dans les parties du corps qui en font les plus voifines ; la peau du crâne & le vifage en font déja tout rouges ; le cou & l'eftomac en font auffi rougis, mais d'un rouge moins fort que celui du vifage & de la tête, où il eft defcendu une bien plus grande quantité de fang.

D'au-

D'autre côté, la plante des pieds est, de plusieurs nuances, plus blanche que les jambes, parce que le sang en est sorti plutôt, & est descendu plus bas.

Enfin, ces couleurs de blanc & de rouge sont distribuées avec une proportion si judicieuse, qu'il semble que la rougeur du visage s'augmente, & que les jambes blanchissent & pâlissent de plus en plus, à mesure qu'on demeure plus de tems à les regarder.

Au reste, quand on ne sauroit pas, d'ailleurs, que le Guide n'obtint du Cardinal Borghêse, la préférence sur les autres Peintres qui se présentoient pour faire ce Tableau, qu'à condition qu'il le peindroit dans la maniére du Caravage qui plaisoit si fort alors, il seroit aisé de la reconnoitre à ce goût fort & obscur qui y régne; mais qui est, par-tout, accompagné de cette noblesse & de cette grace qui font le caractére propre du Guide.

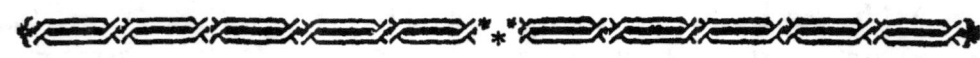

LE MOYSE,

Statue qui se voit au Tombeau du Pape Jules II. dans l'Eglise de Saint Pierre aux Liens.

Par Michel Ange Buonarotti.

CE Tombeau auroit été un des plus magnifiques Ouvrages de Rome s'il avoit été achevé suivant le dessein qu'en avoit fait Michel-Ange; son Moïse en est le plus grand ornement; & cette excellente Statue qui est plus grande que le naturel, eſt la plus majeſtueuſe qu'ait produit la Sculpture Moderne.

Cette barbe venérable, ſi longue, ſi bien tournée, donne à Moïſe une grandeur & une majeſté infinie, mais une majeſté fiére & ferme, une grandeur impérieuſe & dominante.

Tout ce que les anciens Sculpteurs & les anciens Poetes ont donné de grand & de vénérable à leurs Dieux Marins, à leur Neptune même, eſt au deſſous de ce que Michel-Ange en a donné à ſon Moïſe.

Nulle deſcription, nul habillement de Theâtre, où l'art des génies les plus propres à cela, a ſouvent été épuiſé, n'a jamais fait paroître une expreſſion ſi noble d'une ſi grande majeſté, ni une ſi vive image de Divinité.

Le Pompée du Palais Spada, & les Conquérans de l'ancienne Rome, ne ſont point ſi grands, dans leurs Statues, que ce Légiſlateur du Peuple de Dieu.   On ne ſauroit, par tous les termes & toutes les expreſſions du monde, parvenir à former l'idée que la vuë de cette figure imprime dans l'eſprit de tous ceux qui la voyent; c'eſt la grandeur & la majeſté même, ſous la figure de Moïſe.

LA

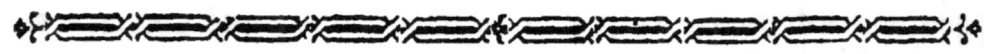

LA TRANSFIGURATION DE N. SEIGNEUR,

Tableau qui se voit à Saint Pierre *Montorio*.

Par Raphaël d'Urbin.

CE Tableau a douze pieds & cinq pouces de haut, sur sept pieds & neuf pouces & demi de large; & il a ceci de particulier, qu'on n'y voit rien qui surprenne d'abord, n'ayant aucun de ces traits éblouïssans qui se font admirer, au premier aspect, par tous ceux qui les regardent; mais que plus on a d'intelligence dans l'Art de la Peinture, plus on y découvre de beautez qui font avoüer à tous les Connoisseurs, que cet ouvrage est non seulement le Chef-d'œuvre de Raphaël d'Urbin, mais encore le Triomphe même de la Peinture.

Les Peintres vous diront que c'est le Tableau le plus parfait qui soit au monde, pour la correction du Dessein, pour l'ordonnance du Sujet, pour l'assemblage des Groupes, pour la variété & l'accort des Couleurs dans tant d'habillemens, où elles sont diversifiées non seulement dan leur genre de verd, de bleu, de jaune, & de rouge; mais encore toutes diverses les unes des autres dans les espé:es de tant de verds, de bleus, de jaunes, & de rouges de différentes sortes plus fortes ou plus foibles, toutes ménagées avec tant de discretion, & si bien accordées, qu'aucune ne tranche jamais trop vivement celle auprès de laquelle elle est.

K 3 Les

Les mêmes Peintres vous y feront remarquer le corps de cette femme qui eſt ſur le devant du Tableau, laquelle améne à JESUS-CHRIST ſon fils qui eſt poſſédé du démon, comme un de ces corps ſi divinement bien deſſinez, auxquels on reconnoît toujours le grand Raphaël d'Urbin ; un de ces corps dont les Contours délicats & gracieux ont une élégance & un naturel d'une beauté qui enchante, de quelque côté qn'ils les repréſente. Celui-ci qui eſt tourné fait voir une taille la plus libre, la plus aiſée, & la plus noble qu'on ſe puiſſe jamais figurer.

Ils vous diront enfin, que ce ſeul ouvrage ſuffit pour faire connoître que cet excellent Peintre a entrevu, par la pénétration de ſon genie, la néceſſité & l'artifice du Clair-obſcur, dont il n'a pû puiſer l'idée dans aucune des Peintures de ſon tems; ni apprendre les principes d'aucun de ſes Maîtres, qui n'en ont eû abſolument aucune connoiſſance: Que la force de ſon deſſein eſt telle dans ce Tableau, que les Contours y ſont prononcez, avec une netteté & une préciſion qui ne laiſſent rien à deſirer, par des traits marquez juſques dans les extrêmitez les plus noyées & les plus perduës; & que cette force eſt, en même tems, accompagnée de tant de douceur, que juſques dans les parties les plus arretées on voit une liberté délicate qui en bannit toute ſeichereſſe & toute dureté; Que la Compoſition en eſt noble, riche, abondante, pleine de ſageſſe & de gravité : Que toutes les Actions y ſont exprimées avec grace & avec bien-ſéance: Que ſes Figures ont toutes des mouvemens aiſez & naturels; que, ſi elles ne ſont pas toujours groupées de lumiéres & d'ombres, elles le ſont d'une maniére encore plus agréable, par leurs actions, & que, ſi ſes Draperies ont été quelquefois de petite maniére, il y a fait paroître un grand goût & les a ſu jetter dans un bel ordre de plis, quand il l'a voulu ; toutes choſes, qui à dire la verité,

rité,, ne peuvent être parfaitement bien connuës, que par des gens du métier, qui fachent l'art & les régles de la Peinture : Mais voici ce que le bon fens & un peu de goût peuvent faire découvrir d'admirable, à tout le monde, dans ce Tableau.

Il est composé de vingt sept figures ; toutes si bien placées, qu'à la réserve de quatre ou cinq il n'y en a pas une qu'on ne voye toute entiére : contre l'ordinaire de beaucoup de Peintres, dans les ouvrages desquels, soit pour avoir voulu éviter le travail, soit pour n'avoir pas sû dégager plusieurs figures dans un même Tableau, on ne voit que beaucoup de têtes derriére quelques personnages, qui sont peints de toute leur longueur sur le devant du Tableau. Ici, tout est dégagé; & les figures y sont si judicieusement arrangées, qu'on les voit également bien toutes sans aucune confusion, & sans que l'une couvre ou cache l'autre.

Jamais on ne vit divers Episodes former une action plus aisée à concevoir tout d'un coup, que celle de ce Tableau.

Une mére affligée, accompagnée d'une parente & de quelques Juifs, améne à Jesus-Christ son fils possédé, afin qu'il le délivre ; un homme fort & robuste tient cet enfant qui est horriblement agité par les Convulsions de la possession, roidissant les bras, ayant les jeux presque hors de la tête, & les doigts tout retirez & tout crochus, des tourmens qu'il souffre; il semble qu'on entende ses cris, & que, par contre-coup, on ressente la violence de ses douleurs: toutes ses veines sont enflées, la peau de son corps extraordinairement tenduë, ses muscles gonflez, & toutes les parties de son corps dans un état si violent; que nul autre tourment que celui de la possession ne sauroit visiblement mettre, dans de pareilles Contorsions, un corps humain.

Cette

Cette mére trouve les Apôtres fans Jesus-Christ, au pied du mont Thabor; elle leur montre les tortures que fouffre fon fils ; tous les Apôtres regardent, avec une attention pleine d'étonnement, les Convulfions, de cet enfant; mais ne croyant pas pouvoir le délivrer du démon qui le poffede, l'un d'eux fe contente de montrer à la mére, le chemin qu'a pris leur divin Maître, qui s'eft retiré fur le haut de la montagne au pied de laquelle ils l'attendent.

La mére montre aux Apôtres fon fils qui fouffre ; les Apôtres montrent, à leur tour, à cette mére, le fommet de la montagne fur laquelle eft leur Maître: L'action de la mére fait porter les yeux vers les Apôtres : Celle des Apôtres les fait élever vers Jesus-Christ ; & ces deux actions font fi bien liées l'un à l'autre, que le deffein du Peintre eft découvert tout d'un coup, & l'hiftoire du Tableau comprife auffi-tôt que vûë.

Les Têtes des Apôtres & des Juifs venus avec la mére de l'enfant, qui ont toutes des airs fi différents, paroiffent s'animer toujours de plus en plus à mefure qu'on s'arrête plus long-tems à les regarder ; & la vie qui y eft répanduë, fait tellement entrer le fpectateur dans l'action qui fe paffe, que, faifi des mêmes fentiments de ces divers perfonnages, il les laiffe tous pour envifager, comme eux, avec une pitié pleine d'étonnement, l'enfant qui fouffre.

On croit affifter réellement à cette action; on croit voir une montagne effective, par fa groffeur & par fon coloris; on croit être au pied, avec la mére de l'enfant poffédé, & implorer avec elle, le fecours des Apôtres; on regarde, comme elle, le haut du Thabor où le Fils de Dieu paroît, au milieu des airs, dans un éclat de blancheur qui éclaire tout le Tableau,

&

& à la lueur duquel on voit Jesus-Christ plein d'une majesté qui ne peut convenir qu'à un Dieu; éclat si vif & si brillant, que le sommet de la montagne qui en est tout illuminé, en fait paroître le pied dans une espéce d'obscurcissement.

Le Christ se voit ainsi au milieu des airs avec une attitude triomphante, comme un Dieu qui s'y soutient par sa propre puissance.

Moïse & Elie qui sont à ses côtez, brillent bien aussi d'un très grand éclat, mais qui ne paroît néanmoins qu'un rejallissement de celui de Jesus-Christ; & quoi que leur suspension dans les airs soit une attitude qui tienne de la victoire & du triomphe, Raphaël y a sû joindre tant de modestie, qu'ils ne paroissent toujours que deux créatures pénétrées de vénération pour leur Dieu qu'ils adorent avec les sentimens de la plus profonde humilité, jusques dans leur triomphante suspension.

Trois des Apôtres qui étoient montez avec Jesus-Christ sur le haut du Thabor, le voyant de près environné d'un si grand éclat & revétu de tant de majesté, en demeurent également éblouis & étonnez; & quoi que l'attitude de tous trois soit différente, il seroit bien difficile de dire laquelle exprime mieux l'éblouïssement & la surprise que leur cause un tel spectacle.

L'art de Raphaël, est sur tout, admirable dans l'expression par laquelle il a sû faire paroître, d'une maniére si sensible, l'exhaussement du Christ à l'égard de ces trois Apôtres; car, quoi qu'il n'y ait pas un pied de distance entre lui & eux, il semble qu'il touche l'Empyrée, & que le sommet de la montagne sur lequel ils sont, soit à son égard, un abime profond où il les laisse infiniment abbaissez au dessous de lui : L'attitude du Christ ferme & élevée, & le prosternement de ces Apôtres, dont l'un a le corps étendu presque tout de son long sur

L   la

la terre, produit cet effet; & c'est ce que nul Peintre n'a encore pû attraper dans aucune des copies que j'ay vûes de ce Tableau; On voit bien, dans ces copies; que cet Apôtre est sur la montagne, & qu'il y touche; mais l'attitude de ce corps si naturellement couché & étendu par terre, c'est une de ces productions du génie & une de ces expressions du pinceau du divin Raphaël, auxquelles les autres Peintres ne sauroient arriver.

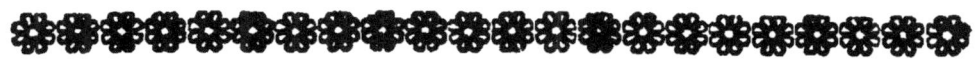

OUVRAGES DE SCULPTURE

QUI SE VOYENT A. S. PIERRE DU VATICAN.

LA CHAIRE DE S. PIERRE.

Par le Cavalier Bernin.

CET Ouvrage est un de ceux dont la beauté est si éclatante, que tout le monde rend à leurs Auteurs toute la justice qui leur dûe; car on ne peut le voir, sans admirer la richesse de l'Esprit, dont l'invention a sû faire, pour ainsi dire, de rien une si magnifique chose.

En effet, que faire d'une Chaire? Comment s'y prendre, pour en faire un des plus grands ornemens de la plus belle Eglise du monde? C'est ici véritablement où il faut que l'art surpasse la nature, que l'esprit supplée à la matiére, & que la magnificence du génie éléve la simplicité de la chose qui n'a

rien

rien de grand & de beau par elle-même; & c'est ce qu'a fait le Bernin dans cet Ouvrage.

Il a enchâssé la Chaire de S. Pierre dans une Chaire de bronze doré, percée à jour & enrichie de tous les ornemens que la Sculpture peut fournir dans un semblable sujet; il l'a élevée au fond de l'Eglise, où elle est soutenuë par quatre saints Docteurs * qui sont des Statues de bronze beaucoup plus grandes que le naturel, & l'a couronnée d'une Gloire rayonnante aussi de bronze doré: Et tout cela ensemble, executé comme il l'est, produit un effet si grand & si magnifique, qu'il n'y a assurément rien de plus beau dans l'Eglise de S. Pierre.

LA NOTRE - DAME DE PITIÉ,

Groupe qui se voit sur l'Autel de la Grande Chapelle qui sert de Chœur aux Chanoines.

Par Michel-Ange Buonarotti. †

JAMAIS marbre ne fut mieux travaillé & mieux mis en œuvre que celui-ci; il semble que ce soit une pâte que le Sculpteur ait maniée & amollie comme il l'a voulu.

On admire, autre part, la Vie que les Sculpteurs donnent au marbre, qu'ils animent quelque fois d'une maniére mer-

L 2

veilleuse

---

* Saint Athanase, saint Chrysostome, saint Ambroise, & saint Augustin.

† Michel Ange fit cet ouvrage pour le Cardinal Briçonnet.

veilleuse dans leurs ouvrages: Ici il faut autant admirer la Mort, dont Michel-Ange a sû si bien répandre l'expression dans tous les membres du CHRIST que la Sainte Vierge tient sur ses genoux.

On se récrie, ailleurs, sur la Légéreté que d'habiles Ouvriers ont sû donner à leurs Statues: Ici, il faut se récrier de même sur la Pesanteur que Michel-Ange a sû ajouter à celle que le marbre a de lui-même, pour faire tomber les membres morts du CHRIST, dont le poids se fait sentir, comme la légéreté se fait voir dans quelques-unes des Statues des autres.

Cet Ouvrage a néanmoins deux défauts, qui empêcheront toujours qu'on le puisse mettre au rang des autres Chef-d'œuvres de ce grand Homme.

Le premier, c'est que la Vierge a le corps de JESUS-CHRIST sur ses genoux, sans qu'il paroisse lui peser ni l'incommoder: or il n'est pas naturel qu'une femme puisse avoir étendu sur ses genoux le corps mort d'un homme assez grand, sans en sentir le poids & être embarrasée.

La seconde faute regarde la Vierge toute seule: on ne peut donner plus de majesté à une femme, que Michel-Ange en a donné à celle ci; elle a toute la noblesse, toute la grandeur, & toute la dignité possibles; c'est un prodige par là; mais il l'a faite trop jeune pour être la mere d'un homme de plus de trente ans qu'elle tient mort sur elle.

Michel-Ange n'a pensé qu'à faire une figure agréable, un visage doux, modeste, & beau, & il y a réüssi; mais il n'a point fait attention à la proportion de l'âge qu'il devoit donner à la Sainte Vierge par rapport au CHRIST; elle est sa mére, & elle ne paroît que sa sœur; c'est une mére tendre, une mére de douleur, & les peines accablantes qu'elle vient de souffrir de la Passion

fion

fion & de la Mort de fon Fils devroient l'avoir vieillie; cependant Michel Ange en fait une femme fort jeune.

Le Vafari* tàche d'excufer ce défaut, & veut même y trouver un caractére de beauté porté jufqu'au raffinement: Pour moi, je ne fais point difficulté d'en convenir, non plus que de reconnoître, en même tems, que le mérite de cet excellent Sculpteur eft dailleurs fi bien établi, qu'une faute de cette nature ne fauroit donner qu'une très legére atteinte à fa réputation.

✳✳✳✳✳✳✳✳✳✳✳✳✳✳✳✳✳✳✳✳✳

LA MAGDELEINE,

Tableau qui fe voit dans le Palais Pio, au Champ de Flore.

Par Jacques Robufti, vulgairement nommé le Tintoret, natif de Venife.

CETTE Magdeleine n'eft point la plus belle perfonne du monde, mais elle eft fi pleine de vie, que jamais peinture ne parut moins peinture que celle-ci; c'eft véritablement une femme vivante, & pleurante au milieu de tous les inftrumens de la mortification chiétienne, & dans une Grotte dont l'appareil n'infpire pas moins la pénitence, que la douleur & les larmes mêmes de cette fainte Pénitente.

Le Coloris de ce Tableau eft auffi excellent qu'il eft fingulier; Magdeleine y paroît fur la paille; fon habit eft un tiffu d'écorces d'arbre de même couleur que les joncs dont eft faite la

L 3

natte

*Dans fon Livre de la Vie des Peintres.

natte qui lui fert de tapis; les cailloux mêmes de fa Grotte font fecs & jaunes comme fon habit, fa paille, & fa natte; & tout cela affortit fi bien fon vifage pâle & décharné, qu'il n'y a point d'ouvrage, au monde, mieux entendu pour le Coloris.

Je ne dirai rien du caractére du Peintre, fi non que nul de fes Tableaux ne fait mieux voir que celui-ci, le talent particulier qu'il a eu de bien caractérifer fes fujets; que fes Carnations ne furent jamais plus vraies, fes Touches plus fpirituelles, & fon Pinceau plus ferme & plus vigoureux.

LA PORTE DU PEUPLE.

Par Michel-Ange Buonarotti, & par le Cavalier Bernin.

LA Porte du Peuple a ceci de fingulier, qu'elle eft feule l'ouvrage des deux plus grands Architectes que l'Italie ait produit dans ces derniers fiécles; car la Façade, qui eft en dehors de la Ville, a été faite par Michel-Ange; & celle qui eft en dedans a été faite par le Cavalier Bernin.

Les ornemens dont les autres Portes font quelquefois toutes chargées & tout-hiftoriées, ne paroîtront jamais que des colifichets auprès de la noble fimplicité de celle-ci; on n'y voit que deux ou trois ornemens, un fefton, deux volutes, mais d'une élégance à laquelle on reconnoît, tout d'un coup, qu'ils ne peuvent venir que d'un des plus grands Maîtres de l'Art.

Au refte, je ne crois pas qu'on puiffe rien voir de plus beau que cette Porte, à la regarder de dedans la ruë du Cours, parce que l'Obélifque qui eft devant s'y unit à la vuë, & en fait comme le couronnement; car le Bernin ayant fait le comble de cette

Porte

Porte, d'un Cintre de forme pleine, très peu différent d'un Cercle parfait, & l'Obélisque paroissant être au dessus, ce Cintre lui sert comme de base; l'Obélisque semble, par ce moyen, être élevé sur la Porte, & la termine admirablement bien avec la Croix qui est au haut; de sorte qu'à une certaine distance, on ne sauroit guére voir de plus beau spectacle d'Architecture, particuliérement sur le soir, où l'affoiblissement de la lumière du jour favorise l'illusion des yeux, à qui ces deux ouvrages, quoi que séparez par un grand espace, paroissent néanmoins unis, ou plûtôt ne paroissent qu'une seule & même chose. On voit donc alors un Obélisque parfait, qui semble avoir, pour base, un gros Globe, à côté duquel sont deux especes d'adoucissemens en gorge, qui font le même effet que deux portions de Cercle recreusées; & des boules posées sur des Piédouches, qui s'élévent à droite & à gauche sur la plate bande d'amortissement de la Porte, avec une régularité de symétrie qui charme la vuë.

LA PORTE PIE.

Par Michel-Ange Guonorotti.

IL n'y a point de Porte de Ville, même en Italie, qu'on puisse comparer à la Porte Pie, pour la delicatesse & l'élégance de l'Architecture; elle est d'une légéreté si surprenante, qu'il semble qu'elle ne soit faite que de Carton.

Elle n'a, pour tous ornemens, qu'un feston de Laurier sortant de deux Volutes, & deux Bassins surmontez d'un Manipule pendant dans les côtez, car c'est encore ici qu'on trouve ce caractére de simplicité auquel sont marquez tous les ouvrages des grands

grands Architectes; ainsi, simple & legére, mais grande & majestueuse dans sa simplicité noble & dans sa légéreté délicate, elle étalle aux yeux une façade pleine de pompe & de magnificence, quoi que parée de deux seuls ornemens, mais d'un goût qui fait sentir que c'est l'ouvrage d'un génie fort supérieur à celui des Architectes ordinaires.

LE POMPE'E,

Statue antique qui se voit au Palais Spada.

POMPE'E a un air si grand, dans cette Statue, qu'il n'y a personne qui ne se trouve petit en sa présence, quoi que ce ne soit que son Image.

Il a je ne sai quoi d'auguste & d'héroïque, qui ne peut convenir qu'au Maître du monde. On ne peut regarder cette Statue sans être persuadé que c'est celle d'un Conquérant, d'un Héros, ou d'un Empereur, par la seule majesté de celui qu'elle représente.

Il s'en faut bien que les Statues de César & d'Auguste qui nous sont restées, soient aussi belles; & si on les mettoit auprès de celle-ci, on ne les prendroit assurément, que pour les Officiers de Pompée, tant le Sculpteur a bien sû lui donner un air de Maître.

OU-

OUVRAGES DE PEINTURE
QUI SE VOYENT DANS L'EGLISE DE SAINT SYLVESTRE A MONTE-CAVALLO.

L'ASSOMPTION DE LA SAINTE VIERGE.

Tableau qui se voit à l'Autel de la Chapelle de la Vierge,

Par Scipion Oulzone natif de Gaiette.

ET

QUELQUES PEINTURES DU DOMINIQUIN,

Qui se voyent dans la même Chapelle.

LA Sainte Vierge, qui est peinte dans ce Tableau avec l'air le plus doux & le plus gracieux du monde, y semble monter à vuë d'œil; & le Peintre lui a donné une attitude si excellente, pour une Assomption, que plus on s'attache à la regarder, plus on la croit voir véritablement monter.

Les quatre Médaillons qu'on voit à la voûte de cette Chapelle, sont du fameux Dominiquin.

Dans celui de la Judith, les deux petits Garçons qui regardent la Tête de Holoferne, sont deux Chef-d'œuvres, pour l'expression; aussi nul Peintre n'a-t-il jamais si bien réüssi que lui à

M   pein-

peindre des enfans, comme on le peut voir ici, & dans ſes autres ouvrages: ce ſont des airs de tête, des poſtures de corps, une promptitude de mouvemens, une liberté de geſtes, & des attitudes d'un naturel, d'une ſimplicité, & d'une vrai-ſemblance, qui paſſent conſtamment tout ce que les autres ont fait de mieux en ce genre, ſans en excepter qui que ce ſoit.

L'Eſther tombant en foibleſſe devant Aſſuérus, eſt un autre Chef d'œuvre non moins parfait; & jamais défaillance ne fût mieux exprimée, ſoit pour la pâleur du viſage d'Eſther, ſoit pour la chute de ſon corps, qui tomberoit viſiblement par terre ſans le ſecours de ſes femmes qui la ſoûtiennent.

Mais le Dominiquin a fait, à mon ſens, une faute de jugement inexcuſable dans le Medaillon, où il a peint David danſant & joüant de la harpe devant l'Arche d'alliance; en ce qu'il a mis, à la ſuite de ce ſaint Roi, une Bacchante, le tambour de Baſque élevé & la moitié du corps nud, précédant immédiatement les Lévites, qui portent l'Arche avec une modeſtie la plus compoſée, & qui fait d'autant plus éclater le ridicule de l'impudence & de la nudité de la Bacchante.

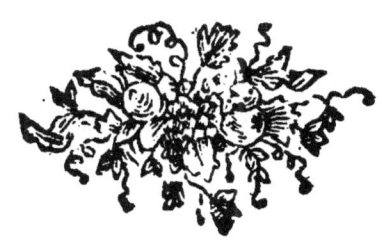

PERSPECTIVES,

Lefquelles fe voyent à la Voûte de la même Eglife.

Par le Pére Mathieu Zaccolino, Théatin, natif de Céféne, ville de la Romagne.

LE Dôme peint en perfpective dans la Voûte du Chœur de cette Eglife, eft fait avec un tel artifice, que les yeux les plus fins y font trompez, fans que le jugement puiffe corriger l'erreur des yeux. On ne fauroit s'imaginer qu'il n'y ait point d'enfoncement dans la Voûte à l'endroit où eft peint ce Dôme, & qui eft néanmoins tout plat & tout uni.

On voit, auprès de ce Dôme, un petit Ange peint dans le Cintre qui commence la Voûte du Chœur, & jamais aucun Ouvrage peint n'a paru un auffi véritable rélief que celui là: Cet Ange femble être entiérement détaché de la Voute, & n'y tenir que par la tète; la Peinture ne' fauroit pouffer plus loin l'impofture; auffi n'y a-t il jamais eû de Peintre qui ait mieux entendu la Perfpective & les raifons des lumiéres & des ombres, que le Pére Zaccolin, au fentiment même du Pouffin, dont le jugement doit être d'un grand poids fur une parcille matiére.

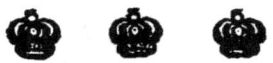

RES.

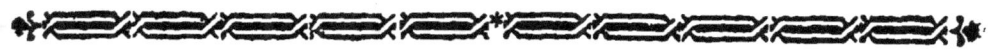

RESTES DES THERMES DE DIOCLETIEN,

Desquels Michel - Ange Guonarotti a fait

L'EGLISE DES CHARTREUX

Qui se voit à Termini.

Cloître des mêmes Chartreux.

ICi l'on demeure suspendu entre le mérite des Anciens & celui des Modernes ; & l'on ne sait à qui des uns ou des autres on doit donner la préférence.

D'un côté, la grandeur des vastes & spatieuses Salles de ces anciens Bains, est au-dessus de tous les édifices modernes de cette nature ; d'abord qu'on y est entré on croit être dans quelque Temple auguste ; on se sent saisi de je ne sai quel respect à la vûë de la majesté de ces superbes lieux, & l'on est ému des mêmes sentimens dont on est frappé lors qu'on se trouve dans quelque Basilique ou dans quelque Cathédrale magnifique. Les Colomnes qui soûtiennent les voûtes exhaussées de ces Thermes, sont les plus hautes, les plus belles, & les plus parfaites qui nous soient restées des Anciens, & l'on ne sauroit penser, sans étonnement, à la capacité des Siécles qui ont produit de tels Ouvrages.

D'autre part, on demeure également saisi de surprise, quand on considére le génie de l'excellent Architecte qui a sû faire une des plus belles Eglises du monde, des Débris de ces

anciens

anciens Edifices; car Michel-Ange, en donnant la forme d'une croix Grecque à cette Eglise, a si bien renfermé dans son dessein toutes ces vieilles mazures, que le moindre coin y fait symétrie dans le corps de tout l'ouvrage; on n'en peut point voir de plus claire ni de plus parfaite; de sorte qu'on ne sait qui on doit admirer le plus, ou les Anciens qui ont bâti de si vastes & de si superbes Edifices; ou l'Architecte Moderne qui a si bien sû en conserver les Ruines, &, de tant de piéces différentes, faire un vaisseau si régulier & si beau.

Le Cloître des mêmes Chartreux est aussi de Michel-Ange; & il n'y en a aucun, dans toute l'Italie, d'un dessein si élégant & si mignon, quoi que ce soit un des plus grands qui ayent jamais été faits. C'est une légéreté d'Architecture admirable; dans les Galeries d'enbas, il n'y a, du côté du Jardin, que de petites Colomnes, d'une si grande délicatesse, que ces Galeries sont aussi claires que s'il n'y avoit rien du tout de ce côté-là: Celles d'enhaut, quoi que fermées du côté du Jardin, sont percées de tant de fenêtres, qu'elles ne sont guére moins claires que si elles étoient tout à fait ouvertes; ces fenêtres sont moitié quarrées oblongues, mais d'un quarré dont les extrémitez font une espéce de Croissant, qui semble vouloir embrasser l'ovale voisin, ce qui produit un effet très agréable à la vuë.

Cette Galerie est toute tapissée des plus belles Estampes de l'Europe, ramassées avec un choix très judicieux, & il n'y a point d'endroit au monde, où l'on puisse s'amuser plus agréablement & plus utilement.

TI-

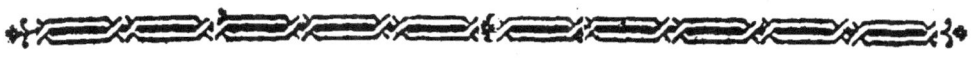

TIVOLI,

Et tout ce qui se trouve de plus beau aux environs,

Tant pour l'Antique, que pour le Moderne.

ON ne connoît point ce qu'il y a de plus beau à Tivoli quand on est seulement entré dans la Ville, & qu'on n'a vû que la fameuse Cascade que le Téveron fait au Pont, quoi que presque tous les Etrangers ne voyent pas autre chose lors qu'ils y vont.

Pour voir les plus grandes beautez de ce lieu si vanté par les Anciens; il faut le regarder de l'endroit où est bàti le Couvent des Religieux Franciscains du Tiers Ordre, entre lequel & Tivoli, est la Valée où coule le Téveron.

Là, vous avez, devant vous la Ville de Tivoli située sur un amas de petites Collines qui s'élévent en amphithéatre: A vôtre gauche, vous voyez le Téveron, se précipitant du haut des montagnes de la Sabine, entrer dans un Gouffre où il se perd, & à quelques pas de là, sortir d'une grande Caverne, où il se brise avec tant de violence sur les Rochers dont elle est pleine, que son eau éparpillée en un million de goutes, ne paroît plus que comme une fumée très agitée; tellement que la bouche fumante de cette Caverne ressemble plûtôt à une Fournaise enflammée, qu'à une Grotte pleine d'eau. Le Téveron se perdant encore là sous les Roches, en sort un moment après impétueux & rapide; & bondissant par un Canal tortueux, passe comme un Torrent dans la Valée, au bout de laquelle il devient,

tout

tout d'un coup, Riviére paifible & tranquille, & coule ainfi dans la plaine qu'on voit à la droite.

La gauche eft un Théatre affez ferré de montagnes qui s'élevent jufqu'au Ciel; & qui allant toujours en s'élargiffant le long de la Valée, s'ouvrent enfin tout à fait fur la droite, où l'on découvre toute la Campagne de Rome jufqu'à la Mer, c'eft à dire une plaine d'une étenduë immenfe avec un horizon à perte de vuë.

Voilà ce qu'on voit à droite & à gauche : Et devant foi l'on a un Coteau admirable, du flanc duquel, ce qu'on a détourné de l'eau du Téveron pour les maifons de plaifance de la Ville, fort comme par une infinité de Crevaffes, faifant mille bonds & mille cafcades, dont les eaux retombent dans le bas de la Valée, & rejoignent le Téveron, duquel elles avoient été féparées.

Ce Coteau eft tout couvert de verdure; mais d'une verdure diverfifiée de cent fortes de verds differents les uns des autres, verd de vigne, verd de pré, verd d'olivier, verd de bruyére, les autres plus clairs, qui comme autant de Compartimens, font de cet endroit, une Scéne d'une décoration charmante : Et tout cela femble un Théatre fait exprès pour mettre, dans un agréable point de vuë, la Ville de Tivoli qui eft deffus; & derriére laquelle on voit encore un amas de petites montagnes élevées les unes fur les autres, & toutes chargées d'arbres verds, lefquelles font comme le couronnement de cette Ville.

Toutes les beautez de la nature femblent avoir été remaffées & réünies en cet endroit. On y voit du champêtre, du cultivé; un defert, des habitations; des Torrens rapides, une Riviére tranquille; des lieux efcarpez & affreux, des collines d'une pente douce & facile; des Rochers ftériles & fecs, une Valée humide

mide & fertile; des montagnes, une plaine, une Ville, un Coteau délicieux tout couvert de cascades, dont les eaux d'argent font un effet admirable en se mêlant à la couleur d'une infinité de Tapis jaunes & verds qu'elles coupent avec un agrément égal; tellement qu'il est constamment vrai que nul Peintre n'a jamais fait aucun Paysage de pure imagination qui fût aussi beau que celui ci l'est réellement.

Pour comble de délices, le lieu d'où l'on contemple toutes ces beautez, est couvert de Thym, de Menthe, de Baume, de Genets, de Romarins, & de cent autres sortes de Plantes & d'Herbes odoriferentes, qui non seulement parfument l'air d'odeurs enchantées, mais encore le rendent si salutaire, que, dès qu'on commence à le respirer, l'estomac en ressent aussitôt la vertu, & s'en trouve tout d'un coup comme fortifié.

Il ne faut pas s'étonner, après cela, si les anciens Romains ont tant vanté la salubrité de cet air, qu'ils croyoient tellement propre à conserver la santé & à faire durer la vie, que cette Sentence étoit commune parmi eux: †*Quand nôtre heure est venuë, on meurt partout, même à Tivoli.*

Mais, pour joüir des agremens de ce lieu tant célébré, il faut êtres, comme je l'ai déja dit, sur le Coteau où est situé aujourd'hui le Couvent des Franciscains du Tiers Ordre: Aussi Horace & Catule, qui avoient un goût exquis pour les choses délicieuses, avoient-ils choisi cet endroit pour la situation de leur maison de plaisance, & c'étoit-là qu'elles étoient placées.

LA

---

† *Nullo fata loco possit excludere: cum mors venerit, in medio Tibure Sardinia* est.*

Mart. Epig. 1. 4.

* Isle dont l'air est le plus mal sain du monde.

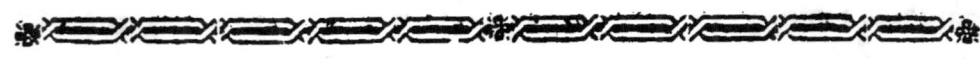

LA MAISON DE PLAISANCE DE L'EMPEREUR ADRIEN,

nommée vulgairement

La Villa Hadriani.

CET Empereur étoit également savant & voluptueux, docte & sensuel, d'une érudition universelle, d'un goût exquis pour les plaisirs, habile, curieux, délicat, & poli; il étoit Philosophe & Poëte, & son esprit étoit enrichi de toutes les lumiéres que donne la science des belles Lettres.

Il avoit voyagé dans toutes les Parties de la Terre qui étoient connues de son tems; & s'étant enfin résolu à fixer sa demeure à Rome & à passer le reste de sa vie dans la Maison de plaisance qu'il avoit à Tivoli, il se proposa d'y réunir tout ce qu'il avoit vû de plus beau dans la Gréce, dans l'Egipte, dans l'Asie, & dans tous les autres Pays où il avoit voyagé, afin de n'avoir rien à regretter de tous les autres endroits du monde où il ne vouloit plus aller.

La situation de cette Maison de plaisance étoit tout à fait favorable pour cette grande entreprise, car c'est l'endroit le plus uni & de la plus grande étendue qui se trouve parmi les Côteaux qui sont à la chutte des montagnes de Tivoli; de sorte qu'on y pouvoit construire commodément toutes les sortes d'édifices qu'il avoit dessein d'y rassembler.

Ce fut donc là qu'outre son Palais vaste & magnifique, des appartemens pour toute sa Cour, des logemens pour ses Gardes, des Ecuries, des Manéges, des Cours, il fit faire un Cirque

N   pour

pour les Courfes, une Naumachie pour les Batailles Navales, un Théatre pour les fpectacles, un Amphitéatre pour les Combats des Athlétes; des Bains chauds & froids; des lieux Plantés pour fe promener à l'ombre quand il faifoit Soleil; des Portiques pour fe promener à l'ombre quand il faifoit Soleil; des Portiques pour fe promener à couvert durant la pluye; des Bois pour la Chaffe; des Lacs pour la pêche; un Serrail pour lui, des lieux de plaifir pour les autres; des endroits pour facrifier aux Dieux, d'autres pour travailler & pour étudier: des Temples, des Bibliothéques, des Bosquets, des Grottes, des Fontaines; un Lycée, un Prytanée & une Academie, comme on les voyoit à Athênes; une Valée délicieufe toute femblable à la fameufe *Tempé* en l'heffalie; des Champs Elyfées même; & généralement toutes fortes de lieux agréables & commodes pour l'étude, pour le plaifir, & pour toutes fortes d'exercices. Tout cela bâti d'une folidité furprenante, & enrichi d'ornemens fi magnifiques, que les feuls reftes de ce vafte & fuperbe amas d'édifices donnent une plus grande idee de la magnificence Romaine, que tout ce qu'on voit dans le refte du Monde.

C'étoit-là où cet Empereur travailloit avec fes Miniftres, philofophoit avec d'habiles gens, *& fe plongeoit dans toutes fortes de voluptés avec fes Maitreffes: Il croyoit y fixer fes jours; mais ayant été attaqué d'une maladie incurable, fes Médecins lui confeillérent de changer d'air & d'aller à Baïes dans la Campanie, où, défefpérant de recouvrer fa premiére fanté, il fe laiffa mourir.

Les Empereurs fes Succeffeurs dépouillérent fa belle maifon des Statues, des Colomnes, des Jafpes & des Agathes dont elle
étoit

---

*Epictére Philofophe Stoïcien; & numénius Philofophe Platonicien, qu'il avoit fait venir à Rome.

étoit enrichie, pour en faire l'ornement de leurs Palais & de leurs Thermes: Cependant on y voit encore des Galeries magnifiques, & des Sallons d'une grandeur & d'une hauteur étonnantes tout incruftés de Stuc auffi blanc que s'il venoit d'y être appliqué, avec des Médaillons & des Compartimens admirables.

Mais ce qui épouvante, c'eft l'épaiffeur & la folidité des murailles & des voûtes, car on ne fauroit concevoir comment un feul & même homme a eû le tems de faire conftruire une fi prodigieufe quantité de bâtimens fi folides & fi épais; fi ce n'eft qu'on faffe réflection que les Empereurs Romains avoient des milliers d'Efclaves, qui ne leur coûtoient que la nourriture, & qu'on faifoit travailler à force de coups, avec du pain & de l'eau; car alors on comprendra comment les anciens Romains ont pû, en fi peu de tems, faire faire leurs Thermes, leurs grands Chemins, & tous ces autres Ouvrages étonnants dont on n'ofe même former l'entreprife dans nôtre fiécle.

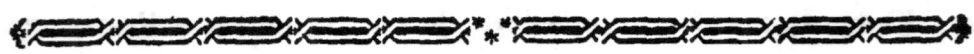

LA CASCADE,

Laquelle fe voit au Pont.

LA plus grande beauté de cette Cafcade, eft la chutte du Téveron, dont toutes les eaux tombent, de fon lit, dans un gouffre, par une feule Nape très large, la plus reguliére & la plus parfaite qu'on ait jamais vuë: Car, pour les boüillons & le brifement de l'eau fur les Rochers où elle tombe, la Cafcade de Terni*, qui tombe de beaucoup plus haut, l'emporte

N 2

te

---

* à 45 milles de Rome, dans l'Ombrie.

te infinement fur celle-ci, & a quelque chofe de bien plus effro-
yablement beau.

****

LA MAISON DE PLAISANCE DE MECENAS.

IL n'y avoit rien de plus beau, pour la fituation, que la
Maifon de Plaifance de Mécénas, dont on voit encore les
fuperbes reftes; elle étoit fituée fur le premier Coteau qui
fait face à la plaine, & qui fe préfente à la vuë en venant de Rome à Tivoli: Là, élevée fur de hautes Terraffes voûtées, & à
plufieurs étages l'un fur l'autre, elle dominoit toute la plaine; &
on y découvroit, avec une vuë libre de tous côtés, une étenduë immenfe de la Campagne de Rome. Cela fe voit manifeftement,
par les voûtes des Terraffes, & par celles de la Maifon, qui fub-
fiftent encore aujourd'hui.

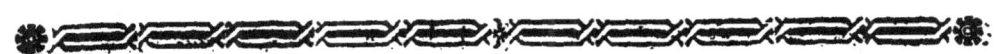

DESCENTE DE CROIX,

Tableau qui fe voit dans l'Eglife de la Trinité du Mont.

Par Daniel Ricciarelli, natif de Volterre en Tofcane.

CE Tableau eft un des trois que le Pouffin trouvoit les
plus beaux de Rome; favoir la Transfiguration de Raphaël d'Urbin, à S. Pierre *Montorio*; le S. Jerôme du
Domi-

Dominiquin, à S. Jerôme de la Charité; & celui-ci, qui se voit aux Minimes de la Trinité du Mont.

C'est un de ces Chef-d'œuvres de Peinture, dont la beauté frappe les esprits même les plus grossiers: Mais ce Tableau a ceci par-dessus les autres Tableaux, qu'il ne paroît point en être un; car c'est une Fresque peinte sur l'Autel d'une Chapelle, & qui occupe une muraille entière; le Mont Calvaire en est le terrain, qui est de niveau à l'Autel; le Crucifix est élevé sur cette Montagne, & il n'y a rien autre chose, au delà de la Croix, qu'un grand Ciel; tellement que n'y ayant point d'ombres, comme aux autres ouvrages de Peinture, qui fassent le fond du Tableau, il ne semble pas que c'en soit un. Au contraire, on s'imagine, en le regardant, qu'on est mêlé avec les Personnages qui le composent; on croit être sur la même terre, & sous le même ciel.

La Magdeleine & les Maries qui s'empressent auprès de la Sainte Vierge, se baissant pour la soulager, paroissent être tout à fait hors de la muraille; on croit les entendre parler, les voir agir, se mouvoir, s'avancer; on croit avoir la Vierge à ses pieds, aussi-bien qu'elles; il semble qu'elle soit entre ces femmes & nous, & que nous ne fassions, tous ensemble, qu'un même Groupe de personnes vivantes, occupées de la même action, & remplies des mêmes pensées à la vue du même objet; car le Peintre a si bien disposé toutes ces figures, qu'il faut que ceux qui regardent son Ouvrage s'imaginent en faire eux-mêmes une partie, qu'ils s'intéressent à l'action, qu'ils en prennent les sentimens, enfin qu'ils achèvent le Tableau joints aux autres Personnages qui y sont.

Iii

Il y auroit cent chofes différentes à admirer dans les diverfes actions des Bourreaux; mais celle de celui qui eft fur le
haut de la Croix, & qui laiffe aller le Corps de JESUS-CHRIST
dans les bras d'un de fes Camarades qui eft au deffous pour le
recevoir, eft incomparable : Il femble qu'il lui dife de le bien
foutenir, & que pour lui il ne le tient plus ; ce Bourreau al-
longe feulement fa main depuis le haut de la Croix jufqu'à un
des bras de JESUS-CHRIST ; & fi ce Tableau étoit l'Ouvrage
d'un Peintre ordinaire, on ne fauroit fi ce Juif avance le bras pour
prendre celui de JESUS-CHRIST, ou s'il le retire, en le lâchant;
mais ici, cette action n'eft nullement douteufe; & l'on voit
fenfiblement que cet homme le lache, & qu'il recommande à
fon Camarade de le bien tenir,

Le Coloris de ce Tableau eft une des plus belles chofes
qu'on fauroit voir; les habits de la Magdeleine & ceux des
Maries charment les yeux; la Cérufe, la Laque, & l'Outre-
mer y forment un mélange de Couleurs également vives &
douces, dont la variété a quelque chofe qui enchante ; & tout
cet Ouvrage, quoi qu'à Frefque, eft auffi doux & auffi léché,
que les plus beaux Tableaux peint à l'huile.

LA

LA TRINITÉ.

Tableau qui se voit dans l'Eglise de la Trinité des Pellerins.

PAR LE GUIDE.

IL n'y a point d'ouvrage de Peinture à Rome, qui, du premier aspect, surprenne autant que celui-ci. On y voit un CHRIST en Croix, qui seul suffiroit pour remplir la toile d'un grand Tableau, comme font tous les autres CHRIST; mais celui-ci n'occupe que la moitié de la toile; & l'autre moitié, qui est la supérieure, est remplie par le Pére Eternel, qui est encore plus grand que le CHRIST.

Le pied de la Croix est sur le Calvaire, & le haut atteignant aux nuées, on découvre, entre ses deux extrémités, tout l'espace de ce grand Univers qui finit où commencent les Cieux ouverts, qui sont d'une étenduë encore beaucoup plus vaste; si bien qu'on voit, à la fois, le Ciel & la Terre avec ce qu'ils ont jamais eû de plus précieux, dans un même Tableau : spectacle aussi grand & magnifique, que sacré & divin!

Le Corps du CHRIST est un des plus beaux corps d'homme & des plus parfaits qui ayent jamais été peints; il a cette tendresse de chairs admirable que le Guide a sû mieux donner que personne à tous les corps qu'il a faits; & je ne sache que le CHRIST de la Nôtre Dame de Pitié du Carache à S. François de Ripe, qu'on puisse comparer à celui-ci.

Mais, qui pourroit par des paroles, décrire l'expression qu'il a donnée au Pére Eternel? C'est un Abyme infini de lumiére

miére & un Océan immenſe de Grandeur, d'où la Majeſté ſe dé-
borde, pour ainſi dire, de tous côtés, comme par torrens;
cependant, du ſein même de cette Majeſté terrible, ſortent je
ne ſai quelles effuſions de bonté qui la tempérent; on craint,
& on ſe raſſure; on tremble, on adore, & on s'abandonne
enfin aux divers ſentimens de vénération & d'amour, de frayeur
& de confiance, dont on ſe ſent pénétré à la vûë de ce Tableau.

Je ne dis rien du Saint Eſprit; car le Guide aſſujetti par
l'Image commune ſous laquelle on l'a toujours repréſenté, n'a
pas eu la liberté de déployer la beauté de ſon génie dans l'expreſſion d'une figure ſi ſimple; néanmoins, quand on la con-
ſidére jointe aux deux autres, il ſemble qu'on ſoit effectivement
en préſence de la ſacrée Trinité; & que, par cette Image ſenſible, elle devienne une choſe qui tombe véritablement ſous les
ſens de l'homme.

Les deux Anges à genoux au pied du Crucifix, ſont dans
l'attitude d'un reſpect ſi profond, qu'ils paroiſſent abymés dans
le Néant; & leur adoration muette fait ſentir la grandeur inef-
fable du Myſtére que ce Tableau repréſente: Oui, il ſemble que
la Génération du Verbe & la Proceſſion du Saint-Eſprit ſe paſſent à la vûë de ceux qui regardent cet Ouvrage; que le défaut
de la parole qui manque aux Peintures, ſoit le ſilence adorable que
demande l'opération de ce grand Myſtére; & que l'ame tranſ-
portée, par les yeux dans la Gloire, le voye opérer en ſa préſence.   Quel génie que celui d'un homme qui ſait faire entrer
dans l'eſprit une choſe ſi ſublime & ſi incompréhenſible, par l'i-
mage groſſiére des figures & des couleurs!

Au reſte cet Ouvrage ſuffit pour faire voir que; ſi le Guide a fait peu de grandes compoſitions dans ſes autres Tableaux,
ce n'a pas été manque de fertilité & de génie; que perſonne n'a
                                                        mieux

mieux fû que lui en retrancher les minuties qui partagent mal à propos la vuë; & que, fi fes Maîtres ne lui ont pas appris la pratique du Clair-obfcur par régles & par principes, il l'a pourtant executée par la grandeur de fon goût, auffi bien que s'il en avoit eû la plus parfaite intelligence.

La Draperie volante du Pére Eternel donne une vie & un mouvement admirable à cette figure: Celles des deux Anges font merveilleufes; & puifque les plus grands Peintres conviennent qu'elles font beaucoup plus difficiles à faire que le nud même, à quel rang ne doit-on pas élever le Guide qui, du confentement général de tous les Connoiffeurs, a paffé tous les autres, en cette partie de la Peinture?

En effet, qu'on examine celles de fon S. Michel, *a* de fa Sybille, *b* de fa Lucréce, *c* de fes Magdeleines, *d* de fes Vierges, *e* & toutes les autres qui forment des habillemens fi aifez, fi commodes, &, en même tems, fi agréables & fi nobles; dont les plis faciles & libres, quoique majeftueux & amples, flatent le nud avec délicateffe, le careffent, pour ainfi dire, par leur molleffe & par leurs tendres finuofités; &, en le couvrant fans s'y coler ni le trop ferrer, marquent fi bien la forme du corps, ne laiffant aucune équivoque des membres avec les vêtemens: Qu'on examine bien, dis-je toutes ces draperies; & je mets en fait que tout le monde avouëra que nul Peintre n'en a fi bien entendu que lui les divers accommodemens, n'en a plus noblement habillé les femmes; & ne s'en eft plus ingénieufement fervi, tant pour remplir les vuides, que pour grouper les lumiéres de fes Ta-

O

bleaux,

---

a Aux Capucins de *Capole Cafe*. *b* Au Palais Chigi devant l'Eglife des SS Apôtres. *c* Au Palais Bolbi à Génes. *d* Au Palais Barberin; & à celui de Dom Auguftin Chigi, Place Colomne. *e* A Sainte Marie Majeure; au Palais Pamphile; & au Palais Barberin.

bleaux, & les membres de ſes figures quand elles étoient ſeules.

OUVRAGES DE PEINTURE

QUI SE VOYENT AU PALAIS DU VATICAN.

BATAILLE DE CONSTANTIN CONTRE MAXENCE,

Laquelle ſe voit dans la Salle de Conſtantin.

Par Raphaël d'Urbin.

IL ne faut qu'ouvrir les yeux pour être charmé de cette fameuſe Bataille qui a été deſſinée par le grand Raphaël d'Urbin, & peinte par le célébre Jules Romain le plus illuſtre de ſes Eléves; & comme c'eſt le plus magnifique morceau de Freſque qui ſoit au monde ; c'eſt auſſi, au jugement des meilleurs Connoiſſeurs, le plus excellent & le plus parfait.

C'eſt la plus grande étenduë de Terrain dont on ait formé le deſſein dans aucun Tableau, & en même tems, la plus variée & la plus agréable; c'eſt la plus nombreuſe Armée, la plus belle Ordonnance de bataille, & le plus vaſte Champ qui ayent jamais été peints; c'eſt une multiplicité de Figures infinie, ſans qu'il y ait rien de confus; une quantité prodigieuſe de Combats particuliers, ſans qu'il y ait rien de répété; un nombre innombrable:

brable de Gens qui combattent ou à pied ou à cheval, fur la terre ou dans l'eau, avec des Attitudes toutes différentes; mille Groupes diftribués avec un ordre admirable, dont toutes les expreffions font diverfifiées avec une fécondité de génie étonnante; un Lointain d'une efpace immenfe avec des dégradations de couleur, d'ombres & de lumiéres, qui effacent peu à peu les objets à proportion qu'ils font éloignés ; une douceur de Peinture où la Frefque ne le céde point à l'huile; un Coloris qui enchante.

J'aurois bien du plaifir à m'abandonner, ici, à la tentation qui me prend d'entrer dans le détail de ce grand Ouvrage, quelque perfuadé que je fois que cette entreprife eft fort au deffus de mes forces; de décrire toutes les différentes fortes d'armes offenfives & défenfives de tant de diverfes Nations qui fe voyent dans l'Armée de Conftantin & dans celle de Maxence; car les Soldats y font differemment armés de piques, de lances, de javelots, d'arcs, de fléches, de dards, de fabres, d'épées, de poignards, chacun felon l'ufage de fon Pays, & conformément à fon Emploi.

Combien de fortes d'Ecus? de longs, de ronds, d'échancrés, de plats, de convexes; les uns faits en cœur, les autres en ovale ; ceux-ci en cartouches, ceux-là en une infinité d'autres figures antiques auxquelles on ne fauroit trouver de nom?

Combien de fortes de Corfelets faits les uns de petites mailles, les autres en façon de petites écailles; d'autres enfin de fer, d'airain, de cuir, ou de corne?

Quelle variété dans les ornemens des Cafques où l'on voit des criniéres, des pennaches, des aigrettes des bouquets de plumes, des crêtes, des feüillages, des dragons, des fphynx, des mufles, des mafques, & cent fortes de grotefques.

Combien de différentes Enfeignes outre le fameux *Laba-*

O 2

rum

rum*? des Aigles, des Dragons, des Mains de Juftice, des Images du Soleil, de la Lune, du Prince?

Combien de diverfes efpéces de Trompettes, les unes toutes droites, les autres courbées prefque comme un Cor de Chaffe? Car jamais aucun Peintre, excepté le Pouffin, n'a fait paroître une fi favante & fi judicieufe obfervation de cette partie de la Peinture qu'on nomme le Coftume, que Raphaël l'a fait en toutes ces chofes.

Mais le détail de ce qu'il y a de fingulier dans cet Ouvrage immenfe me méneroit à l'infini; c'eft pourquoi je me contenterai de dire en général que tout y eft animé, tout y vit, tout y marche, tout y agit, tout y combat, mais avec un feu & une chaleur qui émeut & qui échauffe même les fpectateurs à qui il eft impoffible de regarder, de fang froid, tant d'actions fi vives, & une bataille fi chaude; qu'on y voit les lances brifées, les épées rompuës, les plaies ouvertes, le fang répandu, le déféfpoir, la rage, & la mort fous toutes les différentes formes où elle peut fe préfenter aux hommes dans les batailles les plus furieufes & dans les combats les plus acharnés; que Conftantin y paroît avec un air de grandeur digne du plus grand Conquérant de la Terre; & qu'enfin Raphaël a fû donner tant de vie & de mouvement à fes figures par le moyen des Enfeignes volantes, des Trompettes levées en l'air, des Lances & des Epées qui fe croifent par-tout, qu'il n'y a prefque point d'ouvrage de ce caractére qui ne paroiffe froid, fi on le compare à celui-ci.

LE

---

*Enfeigne particuliére de l'Empereur en forme de Bannière, laquelle ne paroiffoit que quand il étoit dans le Camp: Elle étoit de couleur de pourpre. Conftantin avoit fait mettre une croix au deffus, auffi bien qu'au d.ffus des Aigles Romaines, & de toutes les autres fortes d'Enfeignes qui fe voyent dans fon Armée.

****

LE JUGEMENT DERNIER

ET

LES AUTRES PEINTURES

qui se voyent dans la Chapelle de Sixte.

Par Michel-Ange Buonarotti.

ON ne peut voir le Jugement de Michel-Ange & les autres choses qu'il a peintes dans cette grande Chapelle, que frappé des puissantes Expressions de ce Peintre, on ne juge aussi-tôt que personne ne l'a jamais égalé pour la force du Dessein.

Ce sont tous corps nerveux, musculeux, & dans des Attitudes qui ne contribuent pas moins à en faire voir la vigueur & la force, que les nerfs mêmes & les muscles: Cette force est exprimée avec tant d'énergie, que quoique ce ne soient que des corps d'une grandeur naturelle, on s'imagine voir autant de Géans qu'il y a d'hommes.

D'autre part, l'élévation des pensées; la noblesse de figures; ces airs de tête si beaux & si fiers; ce goût de dessein si grand, si sévére, si terrible; l'Equilibre & la Pondération des corps si bien mis dans une position ferme sur leur plan & sur leur centre de gravité; leurs Muscles s'allongeant par l'extension de quelques membres, ou se renflant lors qu'un mouvement contraire les fait racourcir, plus marqués, plus ressentis & plus

O 3

arti-

articulés, à proportion des efforts que font les différentes parties de ces corps; l'origine, l'infertion., l'action & tout ce qui regarde la liaifon , le mouvement & les offices de ces mufcles, la divifion des veines ; l'emmanchement des membres; l'emboiture des os; cette profonde connoiffance de l'Anatomie, & toutes ces grandes parties que Michel-Ange a poffedées dans un fi haut degré, font ici portées à un tel point de perfection , que les feuls ouvrages de cette Chapelle feront, tant qu'ils fubfifteront, une fource inépuifable de découvertes pour ceux qui voudront approfondir l'Art de la Peinture; & que, fi la fcience du Deffein venoit à périr dans le refte du Monde , on la retrouveroit ici toute entiére dans la multiplicité prefque infinie de poftures & d'attitudes où cet excellent Peintre a mis le corps humain.

Il femble que je ne devrois rien dire du Jugement dernier, les Eftampes qu'on en a faites étant répanduës par toute la Terre; mais il s'en faut bien qu'elles en donnent une idée jufte, & qu'on fache ce que c'eft que cet ouvrage, quand on les a vües: les plus grandes de ces Eftampes font, tout au plus, de trois ou quatre feüilles de papier & il y a des corps d'homme qui feuls font plus grands que cela.   Cet Ouvrage remplit toute une muraille large de quarante ou cinquante pieds, & haute comme la voûte d'une affez grande Eglife; Auffi la vüe de ce morceau de Peinture en donne une idée fi différente de celle qu'en donnent les Eftampes, que quoiqu'on les ait eües devant les yeux toute fa vie, on eft furpris & étonné, en voyant l'Original, comme de la chofe la plus nouvelle du monde.

J'ajouterai à cela une beauté de cet Ouvrage, de laquelle les Eftampes ne fauroient donner aucune idée ; c'eft le Coloris du jour qui repréfente la lumiére du Monde après fa deftruction,

ce

ce qui ne peut en aucune manière paroître fur une Eftampe où il n'y a que du blanc & du noir; cependant c'eft une des plus grandes beautés de ce Chef-d'œuvre de Peinture ; c'eft une des chofes qui y font exprimées avec le plus d'art, & qui frappent le plus.

Cette lumière que Michel Ange fuppofe devoir refter fur la terre après la déftruction du Soleil & des Aftres, ne reffemble en rien à celle de nos jours, ni à celle de nos nuits, à la lumière du Soleil, ni à celle de la Lune; mais c'eft je ne fai quel mélange demi-clair, demi-obfcur, de blanc & de bleu, dont je ne faurois donner d'idée, qu'en difant que c'eft quelque chofe d'approchant de l'état où eft l'air durant une Eclypfe de Soleil ou de Lune; en quoi le génie de Michel-Ange eft admirable: Car, comme le Soleil s'éteindra à la fin du monde, & que néanmoins il faudra qu'il y ait quelque refte de lumière fur la terre qui puiffe faire difcerner les corps, Michel-Ange ne pouvoit jamais mieux faire pour repréfenter cette lumière, que de là peindre femblable à celle qu'on voit quand le Soleil ou la Lune font éclypfés, car il eft conftant qu'il y en a encore dans l'air après les Eclypfes: Mais c'eft une lumière fombre & éteinte, qui ne peut tout au plus fervir qu'à faire diftinguer les diverfes figures des corps, fans en faire voir les différentes couleurs; & qui teint meme tous les objets, de fa propre couleur pâle & plombée; & c'eft juftement cette teinte, & cette lumière bleüâtre & pâle que Michel-Ange a choifie, pour faire voir les corps qui feront fur la furface de la terre au jour du Jugement dernier.

Quand on voit, à Rome, les grands & les magnifiques ouvrages d'Architecture de Michel-Ange, fes excellens morceaux de Sculpture, & quelques petits Tableaux de fa façon qui fe se trouvent dans les Cabinets des Curieux, on reconnoît bien qu'il a été le plus grand Architecte & le plus habile Sculpteur des derniers siécles; mais on ne croit pas qu'il eût été un des premiers Peintres du Monde: Cependant, qu'on vienne voir cette Chapelle; & assurément l'on doutera si Raphaël d'Urbin même, si le grand Raphaël a été plus grand Peintre que lui.

OUVRAGES de SCULPTURE

QUI SONT DANS LE MEME PALAIS.

L'ANTINOÜS ET L'APOLLON,

Statues antiques

Qui se voyent dans la Cour de Belvédére.

Je joins ces deux Statues dans la même description, parce que l'Antinoüs & l'Apollon y sont représentés à peu près de même âge, & que ce sont deux des plus beaux corps d'homme qui ayent jamais été faits; mais l'air que les Sculpteurs leur ont donné est si différent, que quoique l'Antinoüs soit peut-être le plus régulier, l'Apollon paroîtra toujours un Dieu, en comparaison de lui, par l'air majestueux & divin que le Statuaire a sû lui donner; car il est vrai que, quelque idée qu'on

qu'on ait de la perfection de la Sculpture, quelques Chef-d'œuvres
qu'on ait vûs dans cet Art, à quoi qu'on s'attende après avoir
oüi le plus vanter cette Statue, on est encore toujours surpris
quand on la voit pour la premiére fois, & on n'est plus étonné que
les Payens ayent adoré ces sortes d'Images en qui tout le monde
trouve tant de caractéres qui paroissent avoir quelque chose véritablement au dessus de l'humanité; c'est une beauté pleine de
traits sensiblement divins, qui charme les hommes tout autant
que les femmes mêmes.

C'est, à la vérité, un corps humain, mais on voit bien
qu'il n'y a point d'homme si bien fait que celui-ci, & qu'il n'y
en eut jamais; & on demeure persuadé que si les Dieux sont
corporels, ils sont assurément faits comme l'Apollon, non seulement pour les proportions du corps si justes & si réguliéres,
mais encore plus pour l'attitude & pour l'air de toute la personne; car on ne vit jamais à aucun homme, à aucun Héros, un
air si noble & si grand que celui que le Sculpteur a donné à
cette incomparable Statue.

L'Antinoüs est pour le moins aussi bien proportionné, &
c'est peut-être un corps d'homme encore plus parfait que celui
de l'Apollon; mais, avec cela, il n'a rien que de naturel &
d'humain; c'est le plus beau jeune homme du monde, mais ce
n'est qu'un homme; au lieu que l'Apollon, par son air de grandeur, vous enléve, vous pénétre, & vous fait sentir les traits
& les éclats d'une majesté plus qu'humaine qu'il répand, pour
ainsi dire, tout autour de lui.

Quel génie que celui de ces anciens Sculpteurs, qui, par
l'air qu'ils savoient donner à une Statue, y faisoient reconnoître, selon qu'ils le vouloient, un Homme, un Héros, un demi
Dieu, un Dieu!

P   L'An-

L'Antinoüs, avec le plus beau corps du monde, ne paroît toujours qu'un homme : & l'Apollon, avec un corps moins réguliérement bien fait, paroîtra toujours un Dieu, le Dieu de l'Antinoüs même ! Sa taille, son port, son air, son attitude en font quelque chose de si divinement beau, que tout céde à ce spectacle, jusqu'à l'idée même que chacun a de la beauté: idée qui est si parfaite dans l'imagination de tous les hommes, & qui les rend si délicats & si difficiles ! Qu'on aille voir l'Apollon, & l'on avoüera que, par toutes les idées qu'on s'est fait de la beauté d'un homme la plus parfaite, on ne s'est jamais rien figuré de si beau que ce qu'on voit en regardant cet Ouvrage.

Que les femmes viennent le voir, & quelles disent si elles ne croyent pas envisager véritablement un Dieu; & si toutes les images qu'elles se font jamais formées de la beauté des hommes ne font pas fort au dessous de celle que leur présente cette Statue.

On seroit infini si on vouloit entrer dans le détail des différentes parties du corps; en qui on trouveroit mille beautés exquises, à les examiner chacune en particulier.

Quelle beauté : par exemple, que celle de la main de cet Apollon? qui est-ce qui s'est jamais imaginé que la main d'un homme pût être si belle ? Y a-t-il quelqu'un qui ait jamais eû dans l'esprit l'idée de cette sorte de beauté? La plus belle femme du monde a-t-elle jamais eû une aussi belle main? Ce n'est pourtant point une main de femme à qui on peut donner tant de délicatesse qu'on veut; c'est une main & des doigts véritablement d'homme par leur figure, & par leur grosseur: cependant on ne vit jamais rien de si beau, & il n'y a personne qui n'en soit enchanté.

Je

Je ne dis rien de la légéreté de cette Statue qui femble nager dans les airs, & ne tenir aucunement à la terre; je n'entre dans aucun de ces détails où il y auroit des beautés infinies à admirer, parce que l'air du Dieu eft fi grand, & faifit tellement l'imagination & l'efprit, qu'on ne fauroit plus ni voir ni envifager autre chofe dans cette Figure.

LE LAOCOON ET SES ENFANS,

Groupe antique

Qui fe voit dans la même Cour du Jardin de Belvédére.

Par Agéfander, Polydore, & Athénodore, natifs de l'Isle de Rhodes.

CE Groupe a toujours paffé, dans les fiécles mêmes les plus floriffans de la Sculpture, pour un Chef-d'œuvre de l'Art, comme nous l'apprenons des Anciens * qui l'ont vû lors qu'il faifoit un des principaux ornemens des Bains de Titus Empereur Romain. Laocoon ** ce fameux Prêtre

P 2

d'A-

---

* *Laocoon, qui eft in Titi Imperatoris domo, opus omnibus & Pictura & Statuariæ Artis præferendum, fecêre fummi Artifices Agefander, Polydorus, & Athenodorus Rodii.* C. Plinii Secundi Nat. Hift. l. 35.

** Il étoit fils de Priam & d'Hécube, & Prêtre d'Apollon. Il diffuada les Troyens de recevoir le Cheval de bois que les Grecs feignoient avoir confacré

d'Apollon y eſt repréſenté avec ſes deux fils à ſes côtés, tous trois entortillés par un Serpent affreux qui fait pluſieurs cercles de ſon corps autour du leur.

C'eſt déja un coup de Maître au Sculpteur, que d'avoir tiré, du même bloc de marbre, trois Statues qui ſont ſi bien détachées l'une de l'autre, & dont l'attitude eſt ſi différente; mais d'avoir ſû, en détachant ces figures, conſerver & pratiquer, dans le marbre, un Serpent dont il faut que le corps ſe trouve dans les eſpaces vuides qui ſont entre les trois Statues où il fait pluſieurs plis & replis, & où il va, de l'un à l'autre, ceindre & environner le corps du pére & celui des enfans qu'il entortille tous enſemble; quel art! quelle induſtrie!

C'eſt encore l'ouvrage d'une main bien ſavante, que la force que le Sculpteur a ſû donner à ce Serpent qui ſerre ſi vigoureuſement ces trois hommes, qu'on voit bien qu'ils ne ſe débarraſſeront jamais de ſes entortillemens, avec tous leurs efforts.

La violence de ces efforts & celle de la douleur que ſouffre le Laocoon, paroiſſent dans tout ſon corps juſqu'à l'extrémité des pieds dont les doigts ſe retirent avec contraction; & elles font tellement enfler tous ſes muſcles, qu'ils ſemblent aller ſortir de la chair. La Contorſion de tous ſes membres eſt une attitude merveilleuſe qui, met dans tout leur jour, toutes les parties de ce corps qui eſt peut-être le plus parfait qui nous ſoit reſté de l'Antiquité.

Mais la douleur, les efforts, & le déſeſpoir de Laocoon paroiſſent encore bien mieux dans ſon air; ſon viſage eſt tout compoſé de froncemens, il n'y a pas la largeur d'un travers de doigt

---

ſacré à Minerve. C'eſt pour cela qu'on dit qu'un ſerpent l'étrangla avec ſes deux fils. *Virgil. Aenéid. l. 2.*

doigt de chair unie, toutes les parties différentes font également plis, on n'y voit point autre chofe, mais des plis contournés & arrangés felon tous les mouvemens que les mufcles donnent à la peau du vifage d'un homme qui fouffre la douleur la plus défefpérante : Et quoique toute la Figure foit du même marbre, néanmoins il femble que le vifage ait quelque chofe de plus blanchâtre que le refte du corps, les approches de la mort s'y faifant fentir jufques dans la couleur effacée d'un blanc qui a je ne fai quoi de pâle & de mort.

Enfin, plus on regarde le Laocoon, plus il femble que toutes les veines de fon corps s'enflent à vuë d'œil, par la force du venin qui eft déja paffé dans les vaiffeaux ; que les mufcles fe gonflent, que les artéres battent avec impétuofité, & qu'on voye tous les fignes d'un poifon violent qui gagne les parties les plus intérieures du corps.

Virgile * a fait une defcription admirable de ce pére infortuné dans ce cruel état ; & il faut être bien dur pour n'être pas touché de l'ouvrage de ce Poëte : mais il faudroit être tout à fait infenfible pour ne pas frémir à la vuë de celui du Sculpteur.

* Aeneid. L. 2.

P 3

LA

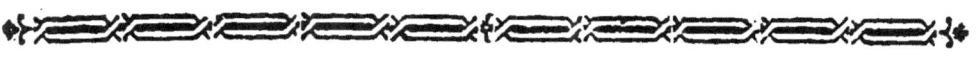

LA VENUS ACCOMPAGNÉE D'UN CUPIDON.

Groupe antique

Qui se voit dans la même Cour.

ON admireroit la finesse de la Draperie de cette Vénus, si on pouvoit admirer quelque Draperie après qu'on a vû celle de la Flore de Farnèse; mais quel Chef- d'œuvre que le Cupidon qui est auprès d'elle ! Ce n'est point du marbre, c'est un corps de chair; & que ce petit corps est bien formé! quelle régularité, quelles proportions, & quel génie que celui du Sculpteur qui a fait cette petite Figure!

Un Sculpteur d'un génie ordinaire sachant que Cupidon est un enfant, ne fait pas faire autre chose qu'un enfant, lors qu'il veut le représenter; il fait donc un petit corps bien gras, bien pottelé, dont les membres ne sont point encore formés, & dont les bras & les jambes sont, comme à tous les enfans, prodigieusement courtes & grosses à proportion du reste du corps ; son génie ne va pas plus loin : Mais un génie au dessus du commun pense que si Cupidon est un enfant, c'est aussi un Dieu, un Dieu qui ne croît plus, & dont, par conséquent, les membres doivent être aussi formés que ceux d'un homme fait.   Tel étoit le Sculpteur qui a travaillé à cet Ouvrage, il a fait son Cupidon dans cet esprit ; & les yeux en sont charmés parce qu'ils y voyent, en petit, un corps d'homme parfaitement bien formé; car ni l'Apollon ni l'Antinoüs ne sont point des corps plus réguliers ni plus parfaits & le Cupidon est, à leur égard, ce qu'un ouvrage de Mignature est à l'égard d'une grande Peinture à l'huile.

VAIS-

VAISSEAU

Dont les Pavillons & les Voiles font formés de jets d'eau,

Lequel fe voit dans le Jardin de Belvédére.

CE petit Vaiffeau nage fur l'eau d'un grand Baffin ; il eft tout de fer „ & parfaitement bien compofé de toutes fes piéces.

Les Voiles en font d'un fer blanc très-blanchi, & elles font pliées autour de leurs Antennes ; mais lors qu'on vient à tourner la clef du Réfervoir, il fort, de ces Voiles, une infinité de petits jets d'eau très-fins & très-déliés qui, étant tous joints l'un à l'autre, forment des napes d'eau qui reffemblent parfaitement à des voiles, car ces petits filets d'eau fortant avec beaucoup de rapidité blanchiffent comme de l'écume, & imitent tout à fait bien la couleur de la toile ; de forte que, quand ils commencent à jouër, il femble que ce foient ces Voiles de fer blanc pliées qui fe déployent & qui s'étendent, & que ce foit le vent qui les enfle, quoique la feule difpofition des tuyaux donne cette forme à l'eau qui en fort.

Il y a au moins cinq cens de ces petits jets d'eau employés à faire feulement les Voiles & les Pavillons de poupe & de prouë.

Les Canons de ce Vaiffeau qui font autant de jets d'eau, ont encore ceci de joli, que l'eau qui en fort fait une efpéce de bruit femblable à celui que feroient, avec de la poudre,

des

des Canons de cette groſſeur ; tellement qu'il ſemble qu'il lâche inceſſamment ſes Bordées, & qu'on entende, ſans diſcon-
tinuation, les Canonades. C'eſt aſſurément une des plus jolies
choſes qu'on puiſſe voir en matiére de Machines hydrauliques;
rien n'eſt plus ingénieuſement imaginé ; & je ne penſe pas
qu'on puiſſe trouver, en aucun lieu du monde , une Fontaine
jailliſſante d'une invention plus agréable & plus nouvelle.

✻✻✻✻✻✻✻✻✻✻✻✻✻✻✻✻✻✻✻✻✻✻✻✻✻✻✻

FIGURES

Representant differentes sortes d'Animaux,

Leſquelles ſe voyent dans divers Palais & Vignes de Rome.

Piéces antiques.

SI on ramaſſoit enſemble toutes les Figures antiques d'Animaux qui ſe voyent dans les Palais & dans les Vignes de Rome, ce ſeroit certainement un des plus beaux ſpectacles qu'on
pût voir au monde; l'Aigle de la Vigne Mathéi ; le Lion de la Vigne Médicis ; le Sanglier & la Louve de la Vigne Borghêſe ; les
Ours de la Fontaine qui eſt à *Termini*; les Pans de Belvédére
au Vatican, le Bouc du Palais Juſtiniani, & les autres ouvrages
de cette eſpéce : Tout cela ramaſſé formeroit une ſeconde Nature auſſi belle que la premiére lors qu'elle ſortit des mains du
Créateur; car ces Chef- d'œuvres ſont des Copies plus parfaites

tes que les Originaux mêmes : Non, les Bêtes en original tel-
les qu'on les voit aujourd'hui, ne font point fi belles que ces
Figures qui ont pourtant été faites d'après elles; de forte que
je ne craindrai point de dire que ces excellentes Antiques pourroient fervir de Modele pour former de nouveau toutes les
Efpéces fi elles venoient à être détruites, & qu'il fût befoin d'un
Exemplaire pour les recréer.   L'Aigle vole véritablement ;
le Lion rugit ; le Sanglier menace ; la Louve dévore des
yeux, tout ce qui l'environne ; les Ours dorment, mais d'un
fommeil qui épouvante ; les Pâns s'applaudiffent, & le Bouc,
quoique rêvant avec fa figure trifte, eft tellement vivant &
animé, qu'il femble que ce n'eft qu'à caufe qu'il regarde fi
fixement ceux qui font devant lui, qu'il s'arrête & qu'il
ne remuë pas.   Quel Art que celui qui fait donner tant de
vie & de mouvement au bronze, au marbre, à la pierre?

Q   LE

****

LE MIRMILLON,*

Statue Antique qui se voyoit autrefois à la Vigne Ludovisio.

ON ne voit plus que des Copies de cette excellente Statue qui est une des sept premiéres du monde, le Prince Odescalchi qui l'a achetée du défunt Prince Ludovisio la tenant cachée, sans la vouloir laisser voir à qui que ce soit.

Le moment où un homme blessé est prêt à expirer ne sauroit jamais mieux se voir dans un homme qui va véritablement rendre l'ame, qu'on le voit dans cette Statue. Ce pauvre Athléte aussi épuisé de forces par le sang qu'il perd, que par la fatigue des Combats qu'il a soutenus, ne paroît plus avoir de vie, que le moment auquel on le regarde; la mort est déja toute peinte dans son air; & il semble que ses lévres qui commencent à s'approcher l'une de l'autre, n'attendent plus que le dernier soupir qui lui reste; que sa bouche, aussi-bien que ses yeux, vont se fermer pour toujours; & que son corps va tomber de sa derniére chute.

Au reste; comme je n'ai vû que des Copies de cette fameuse Statue, je ne doute point que ceux qui l'auront vuë ne trouvent que j'en dis bien peu de chose: Cependant, il me semble que c'en est encore beaucoup pour une Copie, n'en ayant jamais vû en aucun endroit du monde, sur-tout de ces Miracles de l'An-

---

*Les Mirmillons étoient une sorte de Gladiateurs armés à la Gauloise, qui combattoient ordinairement contre cette autre sorte de Gladiateurs qu'on nommoit les *Rétiaires*.

l'Antiquité; qui ne fût tellement au deſſous des Originaux que, lors qu'on vient à les voir, il ſemble que ce ſoient des Ouvrages tout nouveaux où l'on trouve mille beautés d'un caractère à ne pouvoir jamais être copiées: En ajoutant donc à l'Original ce qu'il y a à rabbattre des Copies, on peut juger quel prodige c'eſt, ſur le peu même que j'en dis.

Mais, à la vuë de ces merveilleux morceaux de Sculpture, que dire des Ouvriers incomparables, de ces hommes divins qui nous les ont laiſſés? Quel art, quel génie, quelles expreſſions que celles de ces anciens Statuaires? Et que n'ont-ils point ſû exprimer dans leurs Ouvrages! La Vie, la Mort, l'Agonie, la ſuſpenſion de la Vie, l'image de la Mort, ce n'eſt encore rien; mais des Etats qui ne ſont ni la Vie, ni la Mort, ni l'Agonie, comme dans la Niobé qui n'eſt ni vivante, ni morte, ni mourante, mais pétrifiée. Un double Sommeil; le Sommeil naturel, comme dans le Faune du Palais Barberin; un Sommeil d'yvreſſe, comme dans le Silène de Ludoviſio; la Rêverie, dans la figure qu'on voit au Mont Palatin; la Laſſitude, dans l'Hercule de Farnêſe; l'Agonie, dans le Sénéque de Borghêſe; enfin le moment même du paſſage de la Vie à la Mort, l'inſtant du dernier Soupir, comme dans le Mirmillon.

Quand ils joignent deux Statues enſemble, on connoît auſ-ſi-tôt ce qu'ils ont eû deſſein d'exprimer, il n'eſt point be-ſoin d'Interprete pour ſavoir de quoi il s'agit, on voit tout d'un coup ce que les perſonnes veulent faire, & on entend tout ce qu'elles ſe diſent: Dés qu'on regarde Brutus & Porcia à la Vigne Mathéi, on voit que c'eſt l'Amour Conjugal qu'ils ont voulu figurer par ce Groupe, & peut-il être prononcé par des attitudes & par des airs d'une union plus chaſte & plus intime? On y voit la fidélité, la confiance, la candeur &, s'il eſt permis de se servir ce terme, l'indentité même de deux personnes qui n'en font plus qu'une par l'Amour Conjugal.

Il ne faut que jetter les yeux sur cet autre Groupe de deux figures Grecques qui se voit à la Vigne Ludovisio, pour savoir que c'est l'Amitié qu'ils y ont voulu figurer; car n'y voit-on pas d'abord que ce sont deux personnes qui n'ont qu'un même cœur? la bonne foi, la sincérité, & la cordialité peuvent-elles jamais être mieux exprimées?

Je ne dis rien de l'Amour illicite si bien représenté dans le Groupe de la Faustine & de son Gladiateur à la Vigne Borghêse, car il n'est pas mal-aisé de former des Images de cet Amour & de ses saillies, non plus que de celles des autres passions violentes? Mais en quoi j'admire les Anciens, c'est d'avoir sû exprimer si vivement des passions aussi tempérées & aussi modestes, que l'Amitié & l'Amour Conjugal; des vertus aussi tranquilles, que la Fidélité & la Concorde; de simples sentimens de l'ame plutôt que des passions & des vertus, comme le Repos & la Paix; Enfin des Etats aussi muets que la Réverie & le Silence; car quelle force d'expression ne faut-il pas imprimer à des Statues de bronze & de marbre, pour leur faire représenter des choses si simples & si peu marquées; & cela, par le seul air & par la seule attitude qu'on leur donne! C'est cependant ce qu'ont fait les Sculpteurs de l'ancienne Gréce, & de l'ancienne Rome.

Quoi-

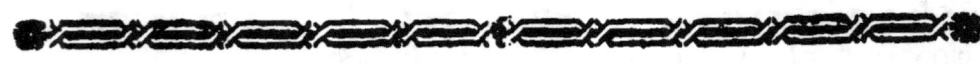

QUoique je me fuſſe propoſé de n'écrire que des Ouvrages qui ſont à Rome, la Lucréce du Guide que j'ai vuë à Génes a quelque choſe de ſi ſinguliérement beau, que je ne puis m'empêcher d'en dire deux mots, & de finir par là.

LA LUCRECE,

Tableau qui ſe voit à Génes, dans les Palais Balbi.

Par le Guide.

CE Tableau eſt du caractére de tous les autres Ouvrages du Guide qui ſont à Rome. Ce ſont toujours de ces Expreſſions recherchées & ſemblables à celles de Timanthe, cet ingénieux Peintre Grec, * qui ſont plutôt faites pour l'eſprit que pour les yeux, qui donnent à entendre beaucoup plus de choſes qu'elles n'en font voir; où l'on découvre plus ou moins de beautés ſuivant la meſure d'intelligence qu'on a; où une ſeule Figure, par les penſées ſublimes ou fines qui s'y trouvent, ſurpaſſe ſouvent les plus abondantes Compoſitions; & qui font connoître que, quelque excellent que ſoit l'Art de

Q 3   la

---

* In omnibus ejus operibus intelligitur plus ſemper quam pingitur; & cum ars ſumma ſit, ingenium tamen ultra artem eſt. Plin. l. 35. c 10.

la Peinture, de tels Peintres avoient un génie encore fort élévé au deſſus de leur Art.

On voit, dans le corps de cette Lucréce, la plus parfaite Rondeur ſans preſque aucune ombre, par les ſeules Demiteintes dans leſquelles le Guide a ſi fort excellé; &, ſur ſon viſage, l'air le plus vif du monde quoiqu' avec ces Couleurs blanches & pâles de ſa derniére maniére, pratiquée par lui ſeul & dans laquelle il a rendu ſes ouvrages plus beaux, que les plus grands Peintres de ſon tems n'ont fait les leurs avec toute la richeſſe des plus belles Couleurs qu'ils y ont étalées.

Les autres Peintres font faire cent ſortes de grimaces à Lucréce pour exprimer la douleur qu'elle reſſent de la violence que Tarquin lui a faite, & celle que lui cauſe le coup de poignard dont elle s'eſt percée le ſein : Le Guide, ſans faire en aucune maniére grimacer celle-ci, a trouvé le ſecret de faire paroître, dans ſes ſeuls traits, la plus forte & la p'us belle expreſſion de la plus vive douleur qu'on ait jamais vuë. Ses yeux en paroiſſent enfoncés juſqu'au derriére de la tête; & ſon front comme rétréci, par la force de ſon application dans ſes cruelles réflexions, ſemble ſe perdre entiérement: Vous diriez que ſon viſage n'a plus ni d'yeux ni de front; & que défiguré, pour ainſi dire, de la ſorte, c'eſt moins un Portrait de Lucréce, qu'une Image de la Douleur.

Mais de quel caractère eſt cette merveilleuſe Image? C'eſt une douleur chaſte & ſainte qui fait encore plus admirer la vertu de celle qui ſouffre, qu'elle ne fait plaindre ſa peine; on voit manifeſtement que c'eſt elle même qui ſe fait ſouffrir & qu'elle regarde comme une punition juſte, la cruauté qu'elle a excercée contre elle-même; ſa vertu paroît encore plus grande que ſes malheurs, ſa force prévaut à ſa ſouffrance; & ſon courage eſt

ſupéfupérieur à fa douleur quoiqu'elle foit extrême & fa plus grande qu'elle puiffe fouffrir. Tout cela eft exprimé d'une maniére fi favante & fi divine, que ce feul Tableau meriteroit qu'on eût nommé le Guide, comme on a fait, *le Dieu de la Peinture,* quand il n'auroit jamais fait que celui-là.

Que dirai-je enfin? Ce génie incomparable, par des Traits uniquement réfervés à fon divin Pinceau, a fait voir, dans l'air de fa Lucréce, je ne fai quelle horreur vertueufe d'une foüillûre involontaire, & je ne fai quel chafte frémiffement d'un crime commis en elle, mais malgré elle. On ne croit plus avoir devant les yeux ni toile, ni Tableau, mais Lucréce elle-même encore toute vivante, & dans le moment qu'elle s'arrache la vie pour ne pas furvivre à la perte de fon honneur; c'eft elle-même qu'on voit; c'eft elle-même qu'on plaint, qu'on admire, qu'on blâme un moment, qu'on juftifie auffitôt; on ne penfe ni au Guide, ni à la Peinture; tant cette expreffion eft forte & vive, tant elle furpaffe les productions ordinaires de l'Art, & confond la Nature même qui ne fauroit plus démêler les Ouvrages qu'elle produit, d'avec ceux qu'un artifte fi favant contrefait!

I

www.ingramcontent.com/pod-product-compliance
Lightning Source LLC
Chambersburg PA
CBHW071556220526
45469CB00003B/1035